TORAH SCROLL COLUMN REFERENCE GUIDE

MOSAICA PRESS

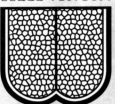

TORAH SCROLL COLUMN REFERENCE GUIDE

Index to Identify Each Column and to Locate Each Parashah/Aliyah

Scroll Layout: 245 Columns/42 Lines

P.R. KLIMAN

Copyright © 2021 by Mosaica Press

ISBN: 978-1-952370-25-0

All rights reserved. No part of this book may be used or reproduced or transmitted in any form or by any means, electronic or mechanical, including photocopying, recording, or by any information storage and retrieval system, without written permission from the publisher.

Published by Mosaica Press, Inc.
www.mosaicapress.com
info@mosaicapress.com

Printed in Israel

לְדוֹר וָדוֹר נַגִּיד גָּדְלֶךָ

FOR SHLOMO

וְשָׂמַחְתָּ בְּחַגֶּךָ אַתָּה וּבִנְךָ וּבִתֶּךָ

You shall rejoice in your festival, with your son and daughter.

From your Shemini Atzeret Shabbat reading, Column 222

FOR EZRA

אֵלֶּה תּוֹלְדֹת נֹחַ

נֹחַ אִישׁ צַדִּיק תָּמִים הָיָה בְּדֹרֹתָיו

אֶת־הָאֱלֹהִים הִתְהַלֶּךְ־נֹחַ

These are the generations of Noach:

Noach was in his generations a righteous man,

he was whole-hearted;

Noach walked with G-d.

From your Parashah, Noach, Column 6

FOR SHOSHANA

וְשָׁמַר ה׳ אֱלֹהֶיךָ לְךָ

אֶת־הַבְּרִית וְאֶת־הַחֶסֶד אֲשֶׁר נִשְׁבַּע לַאֲבֹתֶיךָ

The L-rd your G-d shall keep with you

the covenant and the mercy which He swore to your forefathers.

From your Parashah, Eikev, Column 211

TABLE OF CONTENTS

Preface IX

Introduction 1

Using This Reference Guide 4

"Where Am I?" 11

"Where Is My Parashah?" 57

Torah Scroll Column Locations for Selected Yom Tov Readings . . . 78

Torah Scroll Columns Containing Selected
Daily and Shabbat Readings 85

Family Notes 93

Community Notes 95

Practicing for Enjoyment and for Proficiency 98

Index 101

PREFACE

Torah Scrolls have many technical aspects that *sofrei stam*, Jewish scribes, are mindful of as they do their sacred work of copying from an authenticated, error-free source text onto the *klaf*, parchment, from specific kosher animals, creating a new Torah Scroll.

Generation to generation, qualifications for ensuring that a Torah Scroll is kosher, not *pasul*, for *k'riat haTorah*, reading of the Torah, have been codified and passed down to us through the halachic tradition. In the twelfth century, Maimonides described in his *Mishneh Torah*, in the section on "Tefillin, Mezuzah, and the Torah Scroll," twenty factors that disqualify a scroll for use in public reading. One aspect relates to the usage of white space within a line of text. An open portion, a *petuchah* (פ), leaves a blank space at the end of a line. A closed portion, a *setumah* (ס), leaves blank space in the middle of a line. If an open section is written as if it were a closed section, or vice versa, the scroll is *pasul*.

These precise requirements are the standards necessary to ensure a Torah Scroll's kosher status. Interestingly enough, there are still different, valid traditions found among communities of Jews, stemming from differences developed throughout the Diaspora. These areas include:

- Number of columns (*amudim*)
- Number of lines per column

IX

- Whether or not most columns begin with the Hebrew letter *vav* (ו)
- Whether or not each column begins with a new verse

Examples of kosher variations include scrolls in the Yemenite tradition, which use 51 lines per column, and contemporary scrolls, which typically use 42 lines per column (many containing 245 columns, some utilizing a 248-column format). A scribe must copy from an authenticated, error-free text. Readers will ideally have access to a *tikkun kor'im*, a book that helps individuals prepare for their public reading of theTorah, that matches the formatting of the Torah Scroll they will be *leining*, chanting, from.

The format of many modern Torah Scrolls is the direct result of the work of Rabbi Menachem Davidovich, *zt"l* (1928–2017). Post-war, he published a *tikkun* that has become a standard used throughout the world. Many modern *tikkun kor'im* follow this format. This version of the *Torah Scroll Column Reference Guide* is based on this standard:

- 245 columns
- 42 lines per column
- Almost all columns begin with *vav* (ו)

  Note: This technique is called *vavei ha'amudim* (וָוֵי הָעַמֻּדִים), literally the "*vavs* of the *columns*." This term comes from the Torah, *Parashat Terumah*, Exodus 27:10–11.
- Columns begin in the middle of a verse (not at the beginning of a verse)

May the usage of this reference guide, along with your *tikkun kor'im* and Chumash, enrich your studies.

INTRODUCTION

Overview
"אַיֶּכָּה"

This is the question that Adam is asked in the Garden—"Where are you?" (Genesis 3:9).

This reference guide is designed to help you answer two questions as you are using the Torah Scroll for either preparatory study or for public reading.

- **"Where am I?"**—This guide allows you to accurately, comfortably, and quickly identify your location in the Torah Scroll. Regardless of which column the scroll is rolled to, using a "Quick Glance" and a few words, you will be able to precisely identify the Column Number and Column Contents: (*Sefer*, *Parashah*, and *Aliyah*).

- **"Where is my *Parashah*?"**—Readings from the Torah, the five books of Moses (Genesis, Exodus, Leviticus, Numbers, and Deuteronomy) are organized into fifty-four sections. Each section is called a *Parashah*. This guide provides you the beginning and ending Column Number for each *Parashah*, along with the beginning Column Number and Line Number for each *Aliyah*.

Traditional referencing approaches designate the name of the *Parashah* or the Book, Chapter, and Verse. This makes it very easy to find a specific reading in either a Chumash (Hebrew/English text for the Five Books of Moses) or an English-only Bible, but extremely difficult to find the corresponding reading in the Torah Scroll.

The *Torah Scroll Column Reference Guide* uses a unique indexing approach. It uses the layout of the text in the written Torah Scroll to create new reference points. This guide designates the beginning distinct word(s) on Line 1 of each column as indexed keywords.

These keywords are sorted alphabetically. A "Quick Glance" column allows you to go to a "neighborhood" of entries; then the highlighted unique keyword(s) takes you directly to the entry containing detailed information on the contents of the column. You will know exactly where the Torah Scroll is currently rolled to, answering your "Where am I?" question of a moment ago.

This guide significantly reduces the skill level needed to navigate through the Torah Scroll. Anyone with basic Biblical Hebrew reading skills will now be able to find the appropriate Torah Scroll column containing the text for an upcoming reading.

Designation: This guidebook is designed for Torah Scrolls that follow the format of:

- **Number of columns: 245**

- **Number of lines per column: 42**

This format is found in more recently scribed Torah Scrolls. The "*tikkun kor'im*" is the study guide that a reader uses in order to prepare for chanting the Torah. The layout of 245/42 is a standard layout, and there are *tikkunim* available for this textual arrangement.

3 *Introduction*

Torah Scroll Layout (245/42)		
Book	**Columns/עמודים**	**ספר**
Genesis	1-61	**בראשית**
Exodus	61-111	**שמות**
Leviticus	111-148	**ויקרא**
Numbers	148-200	**במדבר**
Deuteronomy	**200-245**	**דברים**

USING THIS REFERENCE GUIDE

Usage

This guide allows you to easily identify "Where am I?" (what column the Torah Scroll is rolled to, and what its contents are), along with providing information on "Where is my *Parashah*?" (Column Number and beginning Line Number for your *Parashah* reading).

This guide is designed to be used with a Torah Scroll that is in the format of 245 columns/42 lines. It can also be used with a similarly formatted *tikkun* in order to familiarize the reader with its usage. "Training" Torah Scrolls are also very good candidates to use when practicing using this guide.

Prerequisites

- A Torah Scroll with the 245 columns/42 lines per column (Davidovich) layout standard
- The ability to read basic Biblical Hebrew
- Knowledge of the sequence of the letters in the *Aleph-Bet*

אבגדהוזחטיכלמנסעפצקרשת

Method

- **Preparatory work:**

  - **Identify what you will be reading**—Know the name of the *Parashah*, along with the *Aliyah*.

  - **Get your general bearing regarding where your reading is within the Torah Scroll**—Use your Chumash to identify which Book your *Parashah* is in, along with its general location. *Example: Parashat Mishpatim* is in the Book of Exodus. Exodus is the second book of the five books of the Torah, and *Mishpatim* is approximately in the middle of Exodus.

  - **Become familiar with the text of the first verse of your reading**—Look up your *Parashah/Aliyah* in your Chumash and become familiar with the first verse that begins your reading. Read the verse out loud two or three times.

  - **Find the text of the first verse of your reading in your *tikkun kor'im***—Use the "Where Is My *Parashah?*" section of this guide to quickly locate the appropriate column in your *tikkun* for your reading. Then find the first verse of your reading and read it out loud once. This practice will help you when you are at the Torah Scroll.

  - **At the Torah Scroll—recognize "Where am I?":** Identify where the Torah Scroll is currently rolled to.

    - Read the first two or three words in Line 1 of the current Torah Scroll column.

    - Make a mental note of the first two or three letters found at the beginning of Line 1. Using the "Where Am I?" section of this guide, check:

- If the first two letters are וי—go immediately to the section for וי entries (shaded, beginning on page 28).
    - If the first two letters are not וי—use the Index at the back of this reference guide to find the "neighborhood" for your entry. Example: if the first two letters on Line 1 of your current column are ומ—go to page 45.
  - Now, use the "Quick Glance" column to find the entries that begin with the first two or three letters that are found in Line 1 for your current column.
  - Once you have found the appropriate "Quick Glance" section, browse the list of entries until you find the first few words that are found at the beginning of Line 1. You don't need to read the entire line; unique first words for each entry are highlighted.
  - "Where am I?" is answered! Once you find a match for the highlighted (indexed) keyword(s), you will have the following information about the column that the Torah Scroll is currently rolled to:
    - Column Contents
      - Name of the Book
      - Name of the *Parashah*
      - Which *Aliyah*(s)
    - Column Number
  - With practice, you will be able to easily answer "Where am I?" in less than sixty seconds.
- **At the Torah Scroll—identify "Where is my *Parashah*?":** Locate the Torah Scroll column containing the text for your *Parashah* reading.

7 *Using This Reference Guide*

- Using the "Where Is My Parashah?" section of this guide, find the entry for your Book and Parashah. Example: Information for Exodus/Parashat Mishpatim is found on page 63.

- "Where is my Parashah?" is answered! Once you find the match, you will have the following information for your Parashah:

    ◦ The list of columns containing your Parashah (including "Beginning Column" and "Ending Column"). Your Parashah can begin anywhere within the Beginning Column, and can end anywhere within the Ending Column. Use the Line Number to quickly locate the beginning of your text. Line 1 is the first line of text within the column, and Line 42 is the last line of text within the column.

    ◦ The Beginning Column for each *Aliyah* within your Parashah. Example: If you are reading the 5th *Aliyah* for Parashat Mishpatim, your reading would begin somewhere within Column 87.

- *Note:* This guide assumes that the reader will be able to find their starting point within a column once the Torah Scroll is positioned to the appropriate column.

Recommendations

- Consider that we all have the ability to learn and master new skills. One new skill you can acquire is the ability to look at a column in the Torah Scroll and quickly identify "Where am I?" Then, using this reference guide, you can also know "Where is my Parashah?"

- Work with a friend or family member. Take turns using this reference guide with a *tikkun* or with a training Torah Scroll. Randomly open and then identify the Column Number and its contents. Practice, practice, practice.
- Use common sense. If your Torah Scroll is rolled almost to the end, then most likely it is in the Book of Deuteronomy. If your reading is towards the beginning of the Book of Exodus, then (before using this guidebook) roll your Torah Scroll to the "neighborhood" of your reading. The four blank lines that appear after each of the five books make it easy to identify where a Book begins and ends.
- Memorize a few basics. Memorize the Column Numbers for the beginning columns for each of the five books of the Torah. These will become your "anchors" for knowing generally where you are in the Torah Scroll. Over time, memorize additional items.
- Maintain your awareness regarding the upcoming Shabbat reading. Be familiar with it so that if you were unexpectedly called upon, you could look at the Torah Scroll and identify not only "Where am I?" but also "Where is my *Parashah*?"

Additional Support Resources

- ***Tikkun***—Can be used during practice sessions, instead of working with the actual Torah Scroll (Davidovich format of 245 columns/42 lines).[1]
- **Online *Tikkun***—Can be used during practice sessions, instead of working with the actual Torah Scroll.

---

1 Recommended is *Tikkun Korim Hamefoar: Tikun for Reading the Torah with Instructions and Laws in Hebrew and English* by Abraham B. Walzer.

Using This Reference Guide

- **Training Torah Scroll**—Can also be used during practice sessions, instead of working with the actual Torah Scroll.
- **Chumash**—Use to verify the text for the desired reading, once you are rolled to the column of your desired reading.[2]

---

2 Recommended is ArtScroll's *Stone Edition Chumash*.

"WHERE AM I?"

Torah Scroll Column Entries Sorted by Initial Words Found on Line 1

Column Contents	Column Number	Line 1: Column Text	Quick Glance
בראשית בראשית— כהן	1	בְּרֵאשִׁית בָּרָא אֱלֹהִים אֵת הַשָּׁמַיִם וְאֵת הָאָרֶץ׃	ב
שמות בשלח— רביעי	78	הַבָּאִים אַחֲרֵיהֶם בַּיָּם לֹא־נִשְׁאַר בָּהֶם עַד אֶחָד׃ וּבְנֵי יִשְׂרָאֵל הָלְכוּ	ה
שמות ויקהל— מפטיר פקודי— כהן, שני	108	וְאַדְנֵיהֶם אַרְבָּעָה נְחֹשֶׁת וָוֵיהֶם כֶּסֶף וְצִפּוּי רָאשֵׁיהֶם	וא

Column Contents	Column Number	Line 1: Column Text	Quick Glance
דברים —כי תבא ששי	**236**	וְאֵין מַחֲרִיד׃ יַכְּכָה יְהוָה בִּשְׁחִין מִצְרַיִם וּבַטְּחֹרִים	
דברים —שופטים שביעי, מפטיר —כי תצא כהן	**227**	וְאָכַלְתָּ אֶת־שְׁלַל אֹיְבֶיךָ אֲשֶׁר נָתַן יְהוָה אֱלֹהֶיךָ	
במדבר —במדבר רביעי, חמישי	**152**	וְאֵלֶּה תּוֹלְדֹת אַהֲרֹן וּמֹשֶׁה בְּיוֹם דִּבֶּר יְהוָה אֶת־	ואל
במדבר —מטות שלישי, רביעי	**193**	וְאֶלְעָזָר הַכֹּהֵן וְכָל־נְשִׂיאֵי הָעֵדָה לִקְרָאתָם אֶל־	
דברים —שופטים חמישי	**225**	וְאֶל־קֹסְמִים יִשְׁמָעוּ וְאַתָּה לֹא כֵן נָתַן לְךָ יְהוָה	
בראשית —חיי שרה רביעי, חמישי, ששי	**26**	וְאִם־לֹא הַגִּידוּ לִי וְאֶפְנֶה עַל־יָמִין אוֹ עַל־שְׂמֹאל׃	ואמ

Column Contents	Column Number	Line 1: Column Text	Quick Glance
במדבר חקת— רביעי, חמישי, ששי	**179**	וְאִם־מֵימֶיךָ נִשְׁתֶּה אֲנִי וּמִקְנַי וְנָתַתִּי מִכְרָם רַק	
ויקרא בחקתי— שלישי	**146**	וְאִם־עַד־אֵלֶּה לֹא תִשְׁמְעוּ לִי וְיָסַפְתִּי לְיַסְּרָה אֶתְכֶם	
שמות כי תשא— שני	**100**	וָאֹמַר לָהֶם לְמִי זָהָב הִתְפָּרָקוּ וַיִּתְּנוּ־לִי וָאַשְׁלִכֵהוּ	
דברים עקב— שני, שלישי	**213**	וְאָמַרְתָּ בִּלְבָבֶךָ כֹּחִי וְעֹצֶם יָדִי עָשָׂה לִי אֶת־הַחַיִל	
בראשית תולדות— חמישי, ששי	**30**	וַאֲמֻשְּׁךָ בְּנִי הַאַתָּה זֶה בְּנִי עֵשָׂו אִם־לֹא: וַיִּגַּשׁ יַעֲקֹב	
במדבר מטות— כהן, שני, שלישי	**192**	וֶאֱסָרֶיהָ אֲשֶׁר־ אָסְרָה עַל־נַפְשָׁהּ לֹא יָקוּם וַיהוָה	**ואם**

Column Contents	Column Number	Line 1: Column Text	Quick Glance
דברים וילך— מפטיר האזינו— כהן, שני, שלישי, רביעי	242	וְאָעִידָה בָּם אֶת־ הַשָּׁמַיִם וְאֶת־הָאָרֶץ: כִּי יָדַעְתִּי	ואע
דברים עקב— שלישי, רביעי	214	וְאֶעֱשֶׂה אוֹתְךָ לְגוֹי־עָצוּם וָרָב מִמֶּנּוּ: וָאֵפֶן וָאֵרֵד מִן	
בראשית ויחי— כהן, שני, שלישי, רביעי	58	וָאֶקְבְּרֶהָ שָּׁם בְּדֶרֶךְ אֶפְרָת הִוא בֵּית לָחֶם: וַיַּרְא	ואק
במדבר במדבר— שני, שלישי	150	וְאַרְבַּע מֵאוֹת:	ואר
במדבר נשא— שביעי, מפטיר בהעלתך— כהן, שני	162	וְאַרְבַּע־מֵאוֹת בְּשֶׁקֶל הַקֹּדֶשׁ: כַּפּוֹת זָהָב שְׁתֵּים־	

Column Contents	Column Number	Line 1: Column Text	Quick Glance
ויקרא —מצורע ששי, שביעי, מפטיר —אחרי מות כהן	**131**	וְאִשָּׁה כִּי־תִהְיֶה זָבָה דָּם יִהְיֶה זֹבָהּ בִּבְשָׂרָהּ	**ואש**
ויקרא —אחרי מות שביעי, מפטיר —קדושים כהן, שני	**135**	וְאִשָּׁה לֹא־תַעֲמֹד לִפְנֵי בְהֵמָה לְרִבְעָהּ תֶּבֶל הוּא:	
דברים —דברים חמישי, ששי	**204**	וָאֶשְׁלַח מַלְאָכִים מִמִּדְבַּר קְדֵמוֹת אֶל־סִיחוֹן מֶלֶךְ	
דברים —כי תצא שלישי, רביעי, חמישי	**230**	וַאֲשֶׁר שָׂכַר עָלֶיךָ אֶת־בִּלְעָם בֶּן־בְּעוֹר מִפְּתוֹר	
שמות —תצוה רביעי, חמישי	**95**	וְאֶת־אַהֲרֹן וְאֶת־בָּנָיו תַּקְרִיב אֶל־פֶּתַח אֹהֶל מוֹעֵד	**ואת**

Column Contents	Column Number	Line 1: Column Text	Quick Glance
בראשית —וישלח חמישי, ששי	40	וְאֵת אֲשֶׁר־בָּעִיר וְאֶת־אֲשֶׁר בַּשָּׂדֶה לָקָחוּ: וְאֶת־כָּל־	
דברים —ראה שלישי	219	וְאֶת־בְּנֹתֵיהֶם יִשְׂרְפוּ בָאֵשׁ לֵאלֹהֵיהֶם: אֵת כָּל־הַדָּבָר	
ויקרא —אחרי מות שלישי, רביעי, חמישי	133	וְאֶת־בְּשָׂרָם וְאֶת־ פִּרְשָׁם: וְהַשֹּׂרֵף אֹתָם יְכַבֵּס	
דברים —דברים ששי, שביעי, מפטיר —ואתחנן כהן	205	וְאֶת־הָאָרֶץ הַזֹּאת יָרַשְׁנוּ בָּעֵת הַהִוא מֵעֲרֹעֵר	
דברים —דברים חמישי	203	וְאֶת־הָעָם צַו לֵאמֹר אַתֶּם עֹבְרִים בִּגְבוּל אֲחֵיכֶם	

Column Contents	Column Number	Line 1: Column Text	Quick Glance
במדבר מסעי— חמישי, ששי	199	וְאֵת הֶעָרִים אֲשֶׁר תִּתְּנוּ לַלְוִיִּם אֵת שֵׁשׁ־עָרֵי	
במדבר נשא— רביעי	157	וְאַתְּ כִּי שָׂטִית תַּחַת אִישֵׁךְ וְכִי נִטְמֵאת וַיִּתֵּן אִישׁ	
ויקרא ויקרא— רביעי, חמישי	114	וְאֵת כָּל־הַחֵלֶב אֲשֶׁר עַל־הַקֶּרֶב׃ וְאֵת שְׁתֵּי הַכְּלָיֹת	
בראשית בראשית— כהן, שני	2	וְאֵת כָּל־רֶמֶשׂ הָאֲדָמָה לְמִינֵהוּ וַיַּרְא אֱלֹהִים כִּי־טוֹב׃	
במדבר מטות— שביעי, מפטיר מסעי— כהן, שני	196	וְאֶת־מַמְלֶכֶת עוֹג מֶלֶךְ הַבָּשָׁן הָאָרֶץ לְעָרֶיהָ	
בראשית ויצא— חמישי, ששי	35	וְאַתֵּנָה יְדַעְתֶּן כִּי בְּכָל־כֹּחִי עָבַדְתִּי אֶת־אֲבִיכֶן׃	

Column Contents	Column Number	Line 1: Column Text	Quick Glance
ויקרא שמיני— חמישי, ששי	**123**	וְאֶת־עֹלָתָם לִפְנֵי יְהוָה וַתִּקְרֶאנָה אֹתִי כָּאֵלֶּה	
שמות תרומה— שלישי, רביעי, חמישי	**91**	וְאֶת־שֵׁשׁ הַיְרִיעֹת לְבָד וְכַפַּלְתָּ אֶת־הַיְרִיעָה	
שמות תצוה— שני, שלישי, רביעי	**94**	וְאֵת שְׁתֵּי קְצוֹת שְׁתֵּי הָעֲבֹתֹת תִּתֵּן עַל־שְׁתֵּי	
שמות בא— כהן, שני, שלישי	**72**	וּבִבְקָרֵנוּ נֵלֵךְ כִּי חַג־יְהוָה לָנוּ׃ וַיֹּאמֶר אֲלֵהֶם יְהִי כֵן	**וב**
דברים האזינו— שביעי, מפטיר וזאת הברכה— כהן, שני, שלישי	**244**	וּבַדָּבָר הַזֶּה תַּאֲרִיכוּ יָמִים עַל־הָאֲדָמָה אֲשֶׁר אַתֶּם	

19 “Where Am I?”

Column Contents	Column Number	Line 1: Column Text	Quick Glance
בראשית לך לך— ששי, שביעי	16	וּבֵין בָּרֶד: וַתֵּלֶד הָגָר לְאַבְרָם בֵּן וַיִּקְרָא אַבְרָם	ובי
במדבר חקת— ששי, שביעי, מפטיר בלק— כהן	180	וּבֵין הָאֱמֹרִי: עַל־כֵּן יֵאָמַר בְּסֵפֶר מִלְחֲמֹת יְהוָה	
שמות תרומה— חמישי, ששי, שביעי, מפטיר תצוה— כהן	92	וּבֵין קֹדֶשׁ הַקֳּדָשִׁים: וְנָתַתָּ אֶת־הַכַּפֹּרֶת עַל אֲרוֹן	
ויקרא בחקתי— שלישי, רביעי, חמישי	147	וּבְיַעַן בְּמִשְׁפָּטַי מָאָסוּ וְאֶת־חֻקֹּתַי גָּעֲלָה נַפְשָׁם:	
במדבר קרח— מפטיר חקת— כהן, שני	177	וּבֵיתְכֶם כִּי־שָׂכָר הוּא לָכֶם חֵלֶף עֲבֹדַתְכֶם בְּאֹהֶל	

Column Contents	Column Number	Line 1: Column Text	Quick Glance
במדבר בלק— כהן, שני, שלישי	181	וּבָלָק בֶּן־צִפּוֹר מֶלֶךְ לְמוֹאָב בָּעֵת הַהִוא: וַיִּשְׁלַח	
שמות תצוה— כהן, שני	93	וּבָנָיו מֵעֶרֶב עַד־בֹּקֶר לִפְנֵי יְהוָה חֻקַּת עוֹלָם לְדֹרֹתָם	**ובנ**
דברים ראה— שני, שלישי	218	וּבְנֵיכֶם וּבְנֹתֵיכֶם וְעַבְדֵיכֶם וְאַמְהֹתֵיכֶם וְהַלֵּוִי אֲשֶׁר	
שמות משפטים— שלישי, רביעי, חמישי, ששי	87	וּבְנֵיכֶם יְתֹמִים:	
דברים ראה— חמישי, ששי	221	וּבַצֹּאן וּבַיַּיִן וּבַשֵּׁכָר וּבְכֹל אֲשֶׁר תִּשְׁאָלְךָ נַפְשֶׁךָ	
בראשית מקץ— שביעי, מפטיר ויגש— כהן, שני	53	וּבַקָּטֹן כִּלָּה וַיִּמָּצֵא הַגָּבִיעַ בְּאַמְתַּחַת בִּנְיָמִן: וַיִּקְרְעוּ	

Column Contents	Column Number	Line 1: Column Text	Quick Glance
דברים כי תבא— חמישי, ששי	235	וּבָרוּךְ אַתָּה בַּשָּׂדֶה: בָּרוּךְ פְּרִי־בִטְנְךָ וּפְרִי אַדְמָתְךָ	
בראשית וישב— רביעי, חמישי, ששי	45	וְגַם הִנֵּה הָרָה לִזְנוּנִים וַיֹּאמֶר יְהוּדָה הוֹצִיאוּהָ וְתִשָּׂרֵף:	**וג**
דברים כי תבא— רביעי, חמישי	234	וּדְבַשׁ כַּאֲשֶׁר דִּבֶּר יְהוָה אֱלֹהֵי־אֲבֹתֶיךָ לָךְ: וְהָיָה	**וד**
בראשית וישלח— שביעי, מפטיר וישב— כהן	42	וְדִישָׁן אֵלֶּה אַלּוּפֵי הַחֹרִי בְּנֵי שֵׂעִיר בְּאֶרֶץ אֱדוֹם:	
דברים שופטים— כהן, שני, שלישי, רביעי, חמישי	224	וְהָאִישׁ אֲשֶׁר־יַעֲשֶׂה בְזָדוֹן לְבִלְתִּי שְׁמֹעַ אֶל־הַכֹּהֵן	**וה**

Column Contents	Column Number	Line 1: Column Text	Quick Glance
דברים ראה— מפטיר שופטים— כהן	**223**	וְהָאַלְמָנָה אֲשֶׁר בִּשְׁעָרֶיךָ׃ שִׁבְעַת יָמִים תָּחֹג לַיהוָה	
במדבר שלח— שני, שלישי	**169**	וְהָאֲנָשִׁים אֲשֶׁר־עָלוּ עִמּוֹ אָמְרוּ לֹא נוּכַל לַעֲלוֹת	
ויקרא ויקרא— שלישי, רביעי	**113**	וְהֵבֵאתָ אֶת־הַמִּנְחָה אֲשֶׁר יֵעָשֶׂה מֵאֵלֶּה לַיהוָה	**והב**
ויקרא ויקרא— ששי, שביעי, מפטיר	**116**	וְהֵבִיא אֶת־אֲשָׁמוֹ לַיהוָה עַל חַטָּאתוֹ אֲשֶׁר חָטָא	
שמות בא— שביעי, מפטיר בשלח— כהן	**76**	וְהִגַּדְתָּ לְבִנְךָ בַּיּוֹם הַהוּא לֵאמֹר בַּעֲבוּר זֶה עָשָׂה	**והג**

Column Contents	Column Number	Line 1: Column Text	Quick Glance
שמות משפטים— כהן, שני	85	וְהִגִּישׁוֹ אֲדֹנָיו אֶל־הָאֱלֹהִים וְהִגִּישׁוֹ אֶל־הַדֶּלֶת אוֹ	
בראשית בראשית— שלישי, רביעי	4	וְהוּא יִמְשָׁל־בָּךְ׃ וּלְאָדָם אָמַר כִּי	**והוא**
ויקרא אמור— שני, שלישי	139	וְהוּא צָרוּעַ אוֹ זָב בַּקֳּדָשִׁים לֹא יֹאכַל עַד אֲשֶׁר	
ויקרא קדושים— שני, שלישי, רביעי, חמישי, ששי	136	וְהִוא שִׁפְחָה נֶחֱרֶפֶת לְאִישׁ וְהָפְדֵּה לֹא נִפְדָּתָה	
דברים כי תצא— שלישי	229	וְהוֹצִא עָלֶיהָ שֵׁם רָע וְאָמַר אֶת־הָאִשָּׁה הַזֹּאת	
במדבר קרח— כהן, שני, שלישי	173	וְהָיָה הָאִישׁ אֲשֶׁר־ יִבְחַר יְהוָה הוּא הַקָּדוֹשׁ רַב־	**והיה**

Column Contents	Column Number	Line 1: Column Text	Quick Glance
ויקרא בחקתי— חמישי, ששי, שביעי, מפטיר **במדבר** במדבר— כהן	148	וְהָיָה הַשָּׂדֶה בְּצֵאתוֹ בַיֹּבֵל קֹדֶשׁ לַיהוָה כִּשְׂדֵה	
דברים ראה— ששי, שביעי, מפטיר	222	וְהָיָה לְךָ עֶבֶד עוֹלָם וְאַף לַאֲמָתְךָ תַּעֲשֶׂה־כֵּן: לֹא־	
במדבר נשא— רביעי, חמישי	158	וְהַיָּמִים הָרִאשֹׁנִים יִפְּלוּ כִּי טָמֵא נִזְרוֹ: וְזֹאת תּוֹרַת	
דברים וזאת הברכה— רביעי, חמישי, ששי, שביעי	245	וְהֵם אַלְפֵי מְנַשֶּׁה: וְלִזְבוּלֻן אָמַר	והמ
בראשית חיי שרה— שני, שלישי	24	וְהַמְּעָרָה אֲשֶׁר־בּוֹ לְאַבְרָהָם לַאֲחֻזַּת־ קָבֶר מֵאֵת בְּנֵי־	

Column Contents	Column Number	Line 1: Column Text	Quick Glance
שמות משפטים— שני, שלישי	86	וְהַמֵּת יִהְיֶה־לּוֹ׃ וְכִי־יִגֹּף	
בראשית ויצא— שני, שלישי	32	וְהִנֵּה בְאֵר בַּשָּׂדֶה וְהִנֵּה־שָׁם שְׁלֹשָׁה עֶדְרֵי־צֹאן	**והנ**
במדבר קרח— חמישי, ששי	175	וְהִנַּחְתָּם בְּאֹהֶל מוֹעֵד לִפְנֵי הָעֵדוּת אֲשֶׁר אִוָּעֵד	
ויקרא אמור— רביעי, חמישי, ששי	141	וְהֵנִיף הַכֹּהֵן אֹתָם עַל לֶחֶם הַבִּכֻּרִים תְּנוּפָה לִפְנֵי	
שמות שמות— חמישי, ששי	64	וְהֵן לֹא־יַאֲמִינוּ לִי וְלֹא יִשְׁמְעוּ בְּקֹלִי כִּי יֹאמְרוּ לֹא־	
דברים עקב— כהן, שני	212	וְהַנִּסְתָּרִים מִפָּנֶיךָ׃ לֹא תַעֲרֹץ מִפְּנֵיהֶם כִּי־יְהוָה	

Column Contents	Column Number	Line 1: Column Text	Quick Glance
ויקרא שמיני— ששי, שביעי, מפטיר תזריע— כהן	124	וְהַנֹּשֵׂא אֶת־נִבְלָתָם יְכַבֵּס בְּגָדָיו וְטָמֵא עַד־הָעָרֶב	
שמות ויקהל— שני, שלישי, רביעי	104	וְהַנְּשִׂאִם הֵבִיאוּ אֵת אַבְנֵי הַשֹּׁהַם וְאֵת אַבְנֵי הַמִּלֻּאִים	
דברים וילך— רביעי, חמישי, ששי, שביעי, מפטיר	241	וְהַנָּשִׁים וְהַטַּף וְגֵרְךָ אֲשֶׁר בִּשְׁעָרֶיךָ לְמַעַן	
דברים כי תבא— ששי	237	וְהֵצַר לְךָ בְּכָל־ שְׁעָרֶיךָ עַד רֶדֶת חֹמֹתֶיךָ הַגְּבֹהֹת	והצ
שמות תצוה— שביעי, מפטיר כי תשא— כהן	97	וְהִקְטִיר עָלָיו אַהֲרֹן קְטֹרֶת סַמִּים בַּבֹּקֶר בַּבֹּקֶר	והק

Column Contents	Column Number	Line 1: Column Text	Quick Glance
במדבר —פינחס ששי, שביעי	190	וְהִקְרַבְתֶּם עוֹלָה לְרֵיחַ נִיחֹחַ לַיהוָה פָּרִים בְּנֵי־בָקָר	
שמות —כי תשא מפטיר —ויקהל כהן, שני	103	וְהֵשִׁיב מֹשֶׁה אֶת־הַמַּסְוֶה עַל־פָּנָיו עַד־בֹּאוֹ לְדַבֵּר	
שמות —משפטים שביעי, מפטיר —תרומה כהן, שני	89	וְהַתּוֹרָה וְהַמִּצְוָה אֲשֶׁר כָּתַבְתִּי לְהוֹרֹתָם: וַיָּקָם מֹשֶׁה	
ויקרא —צו שני, שלישי	118	וְזֹאת תּוֹרַת הָאָשָׁם קֹדֶשׁ קָדָשִׁים הוּא: בִּמְקוֹם	**וז**
במדבר —קרח ששי, שביעי, מפטיר	176	וְזֶה־לְּךָ תְּרוּמַת מַתָּנָם לְכָל־תְּנוּפֹת בְּנֵי יִשְׂרָאֵל	

Column Contents	Column Number	Line 1: Column Text	Quick Glance
ויקרא —אמור ששי, שביעי, מפטיר	142	וְחַגֹּתֶם אֹתוֹ חַג לַיהוָה שִׁבְעַת יָמִים בַּשָּׁנָה חֻקַּת	**וח**
שמות —ויקהל רביעי, חמישי	105	וַחֲמִשִּׁים לֻלָאֹת עָשָׂה בִּקְצֵה הַיְרִיעָה אֲשֶׁר	
במדבר —בהעלתך ששי, שביעי, מפטיר	167	וַיֹּאמֶר אֶלְדָּד וּמֵידָד מִתְנַבְּאִים בַּמַּחֲנֶה: וַיַּעַן יְהוֹשֻׁעַ	**וי**
שמות —כי תשא שני	99	וַיֹּאמֶר אֲלֵהֶם אַהֲרֹן פָּרְקוּ נִזְמֵי הַזָּהָב אֲשֶׁר בְּאָזְנֵי	**ויאמר**
בראשית —מקץ רביעי, חמישי	50	וַיֹּאמֶר אֱלֹהִים יוֹסֵף הוּא אֲשֶׁר דִּבַּרְתִּי אֲלֵיכֶם לֵאמֹר	
בראשית —לך לך ששי	15	וַיֹּאמֶר אֵלָיו קְחָה לִי עֶגְלָה מְשֻׁלֶּשֶׁת וְעֵז מְשֻׁלֶּשֶׁת	

Column Contents	Column Number	Line 1: Column Text	Quick Glance
בראשית —נח ששי	10	וַיֹּאמֶר אָרוּר כְּנָעַן עֶבֶד עֲבָדִים יִהְיֶה לְאֶחָיו׃ וַיֹּאמֶר	
בראשית —וירא שני, שלישי	18	וַיֹּאמַר הַאַף תִּסְפֶּה צַדִּיק עִם רָשָׁע׃ אוּלַי יֵשׁ	
בראשית —ויגש שביעי, מפטיר —ויחי כהן	57	וַיֹּאמְרוּ לוֹ לֹא־נְכַחֵד מֵאֲדֹנִי כִּי אִם־תַּם הַכֶּסֶף וּמִקְנֵה	
בראשית —בראשית שני, שלישי	3	וַיֹּאמֶר יְהוָה אֱלֹהִים לֹא־טוֹב הֱיוֹת הָאָדָם לְבַדּוֹ	
שמות —בשלח שביעי, מפטיר —יתרו כהן	81	וַיֹּאמֶר יְהוָה אֶל־ מֹשֶׁה עֲבֹר לִפְנֵי הָעָם וְקַח אִתְּךָ	

Column Contents	Column Number	Line 1: Column Text	Quick Glance
במדבר —שלח שלישי, רביעי	170	וַיֹּאמֶר יְהוָה סָלַחְתִּי כִּדְבָרֶךָ: וְאוּלָם חַי־ אָנִי וְיִמָּלֵא	
בראשית —ויגש ששי, שביעי	56	וַיֹּאמֶר יִשְׂרָאֵל אֶל־ יוֹסֵף אָמוּתָה הַפָּעַם אַחֲרֵי רְאוֹתִי	
בראשית —וירא ששי, שביעי	22	וַיֹּאמֶר כִּי אֶת־שֶׁבַע כְּבָשֹׂת תִּקַּח מִיָּדִי בַּעֲבוּר תִּהְיֶה־	
בראשית —וישלח שני, שלישי, רביעי, חמישי	38	וַיֹּאמֶר לֹא יַעֲקֹב יֵאָמֵר עוֹד שִׁמְךָ כִּי אִם־יִשְׂרָאֵל	
בראשית —מקץ חמישי, ששי	51	וַיֹּאמֶר לֹא־יֵרֵד בְּנִי עִמָּכֶם כִּי־אָחִיו מֵת וְהוּא לְבַדּוֹ	
שמות —שמות רביעי, חמישי	63	וַיֹּאמֶר מֹשֶׁה מֹשֶׁה וַיֹּאמֶר הִנֵּנִי: וַיֹּאמֶר אַל־תִּקְרַב	

Column Contents	Column Number	Line 1: Column Text	Quick Glance
שמות פקודי— רביעי, חמישי, ששי	110	וַיָּבִיאוּ אֶת־הַמִּשְׁכָּן אֶל־מֹשֶׁה אֶת־ הָאֹהֶל וְאֶת־כָּל־	**ויב**
בראשית ויגש— שני, שלישי, רביעי, חמישי	54	וַיִּגְּשׁוּ וַיֹּאמֶר אֲנִי יוֹסֵף אֲחִיכֶם אֲשֶׁר־ מְכַרְתֶּם אֹתִי	**ויג**
במדבר במדבר— שביעי, מפטיר נשא— כהן	154	וַיְדַבֵּר יְהוָה אֶל־ מֹשֶׁה וְאֶל־אַהֲרֹן לֵאמֹר: נָשֹׂא אֶת־	**ויד**
במדבר פינחס— חמישי, ששי	189	וַיְדַבֵּר יְהוָה אֶל־ מֹשֶׁה לֵּאמֹר: צַו אֶת־בְּנֵי יִשְׂרָאֵל	
במדבר שלח— כהן, שני	168	וַיְדַבֵּר יְהוָה אֶל־מֹשֶׁה לֵּאמֹר: שְׁלַח־לְךָ אֲנָשִׁים	

Column Contents	Column Number	Line 1: Column Text	Quick Glance
במדבר קרח— שלישי, רביעי, חמישי	174	וִידַעְתֶּם כִּי נִאֲצוּ הָאֲנָשִׁים הָאֵלֶּה אֶת־ יְהוָה: וַיְהִי	
במדבר פינחס— שלישי, רביעי	188	וִיהוֹשֻׁעַ בִּן־נוּן: וַתִּקְרַבְנָה בְּנוֹת	ויה
בראשית חיי שרה— ששי, שביעי, מפטיר תולדות— כהן	27	וַיְהִי אַחֲרֵי מוֹת אַבְרָהָם וַיְבָרֶךְ אֱלֹהִים אֶת־יִצְחָק בְּנוֹ	
דברים דברים— כהן, שני, שלישי	201	וַיְהִי בְּאַרְבָּעִים שָׁנָה בְּעַשְׁתֵּי־עָשָׂר חֹדֶשׁ בְּאֶחָד	
דברים עקב— רביעי, חמישי	215	וַיִּהְיוּ שָׁם כַּאֲשֶׁר צִוַּנִי יְהוָה: וּבְנֵי יִשְׂרָאֵל נָסְעוּ	

Column Contents	Column Number	Line 1: Column Text	Quick Glance
בראשית —נח שביעי	11	וַיְהִי כָל־הָאָרֶץ שָׂפָה אֶחָת וּדְבָרִים אֲחָדִים: וַיְהִי	
בראשית —וישב ששי, שביעי	46	וַיְהִי כִשְׁמֹעַ אֲדֹנָיו אֶת־דִּבְרֵי אִשְׁתּוֹ אֲשֶׁר דִּבְּרָה	
בראשית —בראשית ששי, שביעי, מפטיר —נח כהן	6	וַיּוֹלֶד אֶת־מְתוּשָׁלַח: וַיִּתְהַלֵּךְ חֲנוֹךְ אֶת־הָאֱלֹהִים	
בראשית —וישב כהן, שני, שלישי	43	וַיַּחֲלֹם עוֹד חֲלוֹם אַחֵר וַיְסַפֵּר אֹתוֹ לְאֶחָיו וַיֹּאמֶר	
דברים —כי תצא כהן, שני, שלישי	228	וְיָלְדוּ־לוֹ בָנִים הָאֲהוּבָה וְהַשְּׂנוּאָה וְהָיָה הַבֵּן הַבְּכֹר	ויל
שמות —בשלח רביעי, חמישי, ששי	79	וַיִּלֹּנוּ הָעָם עַל־מֹשֶׁה לֵּאמֹר מַה־נִּשְׁתֶּה: וַיִּצְעַק אֶל־	

Column Contents	Column Number	Line 1: Column Text	Quick Glance
בראשית וירא— רביעי, חמישי, ששי	21	וַיָּמָל אַבְרָהָם אֶת־ יִצְחָק בְּנוֹ בֶּן־שְׁמֹנַת יָמִים כַּאֲשֶׁר	וימ
בראשית ויחי— ששי, שביעי, מפטיר	60	וַיִּמְלְאוּ־לוֹ אַרְבָּעִים יוֹם כִּי כֵּן יִמְלְאוּ יְמֵי הַחֲנֻטִים	
בראשית לך לך— שביעי, מפטיר וירא— כהן, שני	17	וַיָּמָל אֶת־בְּשַׂר עָרְלָתָם בְּעֶצֶם הַיּוֹם הַזֶּה כַּאֲשֶׁר	
בראשית נח— שביעי, מפטיר לך לך— כהן, שני	12	וַיָּמָת הָרָן עַל־פְּנֵי תֶּרַח אָבִיו בְּאֶרֶץ מוֹלַדְתּוֹ בְּאוּר	
ויקרא צו— חמישי, ששי, שביעי, מפטיר	120	וַיִּסְמֹךְ אַהֲרֹן וּבָנָיו אֶת־יְדֵיהֶם עַל־רֹאשׁ פַּר הַחַטָּאת:	ויס

Column Contents	Column Number	Line 1: Column Text	Quick Glance
במדבר מסעי— שני, שלישי	197	וַיִּסְעוּ מֵחַשְׁמֹנָה וַיַּחֲנוּ בְּמֹסֵרוֹת: וַיִּסְעוּ מִמֹּסֵרוֹת	
בראשית ויגש— חמישי, ששי	55	וַיִּסַּע יִשְׂרָאֵל וְכָל־ אֲשֶׁר־לוֹ וַיָּבֹא בְּאֵרָה שָּׁבַע	
שמות וארא— ששי, שביעי	70	וְיַעַבְדֻנִי: כִּי אִם־מָאֵן אַתָּה לְשַׁלֵּחַ וְעוֹדְךָ מַחֲזִיק בָּם:	**ויע**
בראשית ויצא— שלישי, רביעי	33	וַיַּעֲבֹד עִמּוֹ עוֹד שֶׁבַע־שָׁנִים אֲחֵרוֹת: וַיַּרְא יְהוָה כִּי־	
בראשית לך לך— שני, שלישי, רביעי	13	וַיַּעַל אַבְרָם מִמִּצְרַיִם הוּא וְאִשְׁתּוֹ וְכָל־אֲשֶׁר־לוֹ	
במדבר בלק— שלישי, רביעי	182	וַיַּעֲמֹד בְּמָקוֹם צָר אֲשֶׁר אֵין־דֶּרֶךְ לִנְטוֹת יָמִין	

Column Contents	Column Number	Line 1: Column Text	Quick Glance
שמות פקודי— שני, שלישי	109	וַיַּעַשׂ אֶת־הַחֹשֶׁן מַעֲשֵׂה חֹשֵׁב כְּמַעֲשֵׂה אֵפֹד זָהָב	
שמות בשלח— ששי, שביעי	80	וַיַּעֲשׂוּ־כֵן בְּנֵי יִשְׂרָאֵל וַיִּלְקְטוּ הַמַּרְבֶּה וְהַמַּמְעִיט:	
שמות שמות— ששי, שביעי	65	וַיִּפְגְּשֵׁהוּ יְהוָה וַיְבַקֵּשׁ הֲמִיתוֹ: וַתִּקַּח צִפֹּרָה צֹר	**ויפ**
בראשית מקץ— שלישי, רביעי	49	וַיֵּצֵא יוֹסֵף עַל־אֶרֶץ מִצְרָיִם: וְיוֹסֵף בֶּן־ שְׁלֹשִׁים שָׁנָה	**ויצ**
בראשית לך לך— רביעי, חמישי, ששי	14	וַיֵּצֵא מֶלֶךְ־סְדֹם וּמֶלֶךְ עֲמֹרָה וּמֶלֶךְ אַדְמָה וּמֶלֶךְ	
שמות וארא— חמישי, ששי	69	וַיִּצְעַק מֹשֶׁה אֶל־יְהוָה עַל־דְּבַר הַצְפַרְדְּעִים אֲשֶׁר־	

Column Contents	Column Number	Line 1: Column Text	Quick Glance
שמות יתרו— כהן, שני, שלישי, רביעי, חמישי	82	וַיִּקַּח יִתְרוֹ חֹתֵן מֹשֶׁה עֹלָה וּזְבָחִים לֵאלֹהִים וַיָּבֹא	ויק
במדבר במדבר— כהן, שני	149	וַיִּקַּח מֹשֶׁה וְאַהֲרֹן אֵת הָאֲנָשִׁים הָאֵלֶּה אֲשֶׁר	
בראשית וירא— שביעי, מפטיר חיי שרה— כהן, שני	23	וַיָּקֻמוּ וַיֵּלְכוּ יַחְדָּו אֶל־בְּאֵר שָׁבַע וַיֵּשֶׁב אַבְרָהָם	
במדבר בלק— מפטיר פינחס— כהן, שני	185	וַיָּקָם מִתּוֹךְ הָעֵדָה וַיִּקַּח רֹמַח בְּיָדוֹ: וַיָּבֹא אַחַר	
שמות יתרו— חמישי, ששי	83	וַיִּקְרָא לְזִקְנֵי הָעָם וַיָּשֶׂם לִפְנֵיהֶם אֵת כָּל־הַדְּבָרִים	

Column Contents	Column Number	Line 1: Column Text	Quick Glance
דברים כי תבא— שביעי, מפטיר נצבים— כהן, שני, שלישי	238	וַיִּקְרָא מֹשֶׁה אֶל־ כָּל־יִשְׂרָאֵל וַיֹּאמֶר אֲלֵהֶם אַתֶּם	
בראשית ויצא— מפטיר וישלח— כהן, שני	37	וַיִּקְרָא שֵׁם־הַמָּקוֹם הַהוּא מַחֲנָיִם׃	
במדבר נשא— חמישי	159	וַיַּקְרִיבוּ הַנְּשִׂאִים אֵת חֲנֻכַּת הַמִּזְבֵּחַ בְּיוֹם	
בראשית וישלח— חמישי	39	וַיַּרְא אֹתָהּ שְׁכֶם בֶּן־חֲמוֹר הַחִוִּי נְשִׂיא הָאָרֶץ וַיִּקַּח	ויך
שמות שמות— שביעי, מפטיר וארא— כהן, שני	66	וַיִּרְאוּ שֹׁטְרֵי בְנֵי־ יִשְׂרָאֵל אֹתָם בְּרָע לֵאמֹר לֹא־תִגְרְעוּ	

Column Contents	Column Number	Line 1: Column Text	Quick Glance
דברים דברים— שלישי, רביעי, חמישי	202	וַיְרַגְּלוּ אֹתָהּ: וַיִּקְחוּ בְיָדָם מִפְּרִי הָאָרֶץ וַיּוֹרִדוּ אֵלֵינוּ	
ויקרא אמור— מפטיר בהר— כהן, שני, שלישי	143	וַיִּרְגְּמוּ אֹתוֹ אָבֶן וּבְנֵי־יִשְׂרָאֵל עָשׂוּ כַּאֲשֶׁר צִוָּה	
במדבר שלח— רביעי, חמישי, ששי	171	וַיֵּרֶד הָעֲמָלֵקִי וְהַכְּנַעֲנִי הַיֹּשֵׁב בָּהָר הַהוּא וַיַּכּוּם	
שמות בשלח— כהן, שני, שלישי, רביעי	77	וַיִּרְדֹּף אַחֲרֵי בְּנֵי יִשְׂרָאֵל וּבְנֵי יִשְׂרָאֵל יֹצְאִים בְּיָד	
בראשית נח— רביעי, חמישי, ששי	9	וַיָּרַח יְהוָה אֶת־רֵיחַ הַנִּיחֹחַ וַיֹּאמֶר יְהוָה אֶל־לִבּוֹ	

Column Contents	Column Number	Line 1: Column Text	Quick Glance
שמות —בא שלישי, רביעי	73	וַיִּשְׁאֲלוּ אִישׁ מֵאֵת רֵעֵהוּ וְאִשָּׁה מֵאֵת רְעוּתָהּ כְּלֵי־	**ויש**
במדבר —מטות ששי, שביעי	195	וַיִּשָּׁבַע לֵאמֹר: אִם־יִרְאוּ הָאֲנָשִׁים הָעֹלִים מִמִּצְרַיִם	
שמות —פקודי ששי, שביעי, מפטיר **ויקרא** —ויקרא כהן	111	וַיָּשֶׂם אֶת־קְרָשָׁיו וַיִּתֵּן אֶת־בְּרִיחָיו וַיָּקֶם אֶת־עַמּוּדָיו:	
בראשית —וישלח ששי, שביעי	41	וַיִּשְׁמַע יִשְׂרָאֵל:	
דברים —נצבים ששי, שביעי, מפטיר —וילך כהן, שני, שלישי, רביעי	240	וְיַשְׁמִעֵנוּ אֹתָהּ וְנַעֲשֶׂנָּה: כִּי־קָרוֹב אֵלֶיךָ הַדָּבָר מְאֹד	

Column Contents	Column Number	Line 1: Column Text	Quick Glance
בראשית וישב— שלישי, רביעי	44	וַיָּשֶׂם שַׂק בְּמָתְנָיו וַיִּתְאַבֵּל עַל־בְּנוֹ יָמִים רַבִּים׃	
ויקרא תזריע— ששי, שביעי, מפטיר מצורע— כהן	127	וְכִי־יִהְיֶה בַקָּרַחַת אוֹ בַגַּבַּחַת נֶגַע לָבָן אֲדַמְדָּם	וכ
ויקרא אמור— שלישי, רביעי	140	וְכִי־תִזְבְּחוּ זֶבַח תּוֹדָה לַיהוָה לִרְצֹנְכֶם תִּזְבָּחוּ׃ בַּיּוֹם	
בראשית וירא— שלישי, רביעי	19	וְכֹל אֲשֶׁר־לְךָ בָּעִיר הוֹצֵא מִן־הַמָּקוֹם׃ כִּי־מַשְׁחִתִים	
דברים ואתחנן— רביעי, חמישי	209	וְכָל־בְּהֶמְתֶּךָ וְגֵרְךָ אֲשֶׁר בִּשְׁעָרֶיךָ לְמַעַן יָנוּחַ	

Column Contents	Column Number	Line 1: Column Text	Quick Glance
ויקרא אחרי מות— חמישי, ששי, שביעי	134	וְכִסָּהוּ בֶּעָפָר: כִּי־ נֶפֶשׁ כָּל־בָּשָׂר דָּמוֹ בְנַפְשׁוֹ הוּא	
בראשית מקץ— ששי, שביעי	52	וְכֶסֶף אַחֵר הוֹרַדְנוּ בְיָדֵנוּ לִשְׁבָּר־אֹכֶל לֹא יָדַעְנוּ	
ויקרא ויקרא— חמישי, ששי	115	וְכִפֶּר עֲלֵהֶם הַכֹּהֵן וְנִסְלַח לָהֶם: וְהוֹצִיא אֶת־הַפָּר	
ויקרא ויקרא— מפטיר צו— כהן, שני	117	וְכִפֶּר עָלָיו הַכֹּהֵן לִפְנֵי יְהוָה וְנִסְלַח לוֹ עַל־אַחַת	
דברים כי תצא— חמישי, ששי, שביעי	231	וְכָתַב לָהּ סֵפֶר כְּרִיתֻת וְנָתַן בְּיָדָהּ וְשִׁלְּחָהּ מִבֵּיתוֹ	
דברים עקב— חמישי, ששי, שביעי, מפטיר	216	וְלַאֲבִירָם בְּנֵי אֱלִיאָב בֶּן־רְאוּבֵן אֲשֶׁר פָּצְתָה	ול

Column Contents	Column Number	Line 1: Column Text	Quick Glance
שמות בא— רביעי, חמישי, ששי	74	וְלֹא־יִהְיֶה בָכֶם נֶגֶף לְמַשְׁחִית בְּהַכֹּתִי בְּאֶרֶץ מִצְרָיִם:	
דברים ואתחנן— כהן, שני	206	וְלֹא תִגְרְעוּ מִמֶּנּוּ לִשְׁמֹר אֶת־מִצְוֹת יְהוָה אֱלֹהֵיכֶם	
במדבר מסעי— ששי, שביעי, מפטיר **דברים** דברים— כהן	200	וְלֹא־תִקְחוּ כֹפֶר לָנוּס אֶל־עִיר מִקְלָטוֹ לָשׁוּב	
ויקרא צו— שלישי, רביעי, חמישי	119	וְלַבְּהֵמָה: כָּל־נֶפֶשׁ אֲשֶׁר־תֹּאכַל כָּל־דָּם וְנִכְרְתָה	ולב
דברים ואתחנן— שני	207	וּלְבִלְתִּי־בֹא אֶל־ הָאָרֶץ הַטּוֹבָה אֲשֶׁר יְהוָה אֱלֹהֶיךָ	

Column Contents	Column Number	Line 1: Column Text	Quick Glance
במדבר בהעלתך— שני, שלישי	163	וּלְבָנָיו מִתּוֹךְ בְּנֵי יִשְׂרָאֵל לַעֲבֹד אֶת־עֲבֹדַת בְּנֵי־	
ויקרא אמור— כהן, שני	138	וּלְבִתּוֹ וּלְאָחִיו: וְלַאֲחֹתוֹ הַבְּתוּלָה הַקְּרוֹבָה אֵלָיו	
במדבר נשא— חמישי, ששי	160	וּלְזֶבַח הַשְּׁלָמִים בָּקָר שְׁנַיִם אֵילִם חֲמִשָּׁה עַתֻּדִים	ולז
בראשית תולדות— כהן, שני, שלישי, רביעי	28	וּלְזַרְעֲךָ אֶתֵּן אֶת־ כָּל־הָאֲרָצֹת הָאֵל וַהֲקִמֹתִי אֶת־	
במדבר בלק— רביעי, חמישי, ששי	183	וּלְכָה זֹעֲמָה יִשְׂרָאֵל: מָה אֶקֹּב לֹא קַבֹּה אֵל וּמָה	
דברים ואתחנן— שני, שלישי, רביעי	208	וּלְמַעַן תַּאֲרִיךְ יָמִים עַל־הָאֲדָמָה אֲשֶׁר יְהוָה אֱלֹהֶיךָ	ולמ

Column Contents	Column Number	Line 1: Column Text	Quick Glance
במדבר —נשא כהן, שני	155	וּלְמַשָּׂא: וְנָשְׂאוּ אֶת־יְרִיעֹת הַמִּשְׁכָּן וְאֶת־אֹהֶל	
דברים —כי תבא כהן, שני, שלישי, רביעי	233	וְלָקַח הַכֹּהֵן הַטֶּנֶא מִיָּדֶךָ וְהִנִּיחוֹ לִפְנֵי מִזְבַּח יְהוָה	ולק
ויקרא —מצורע שלישי, רביעי	129	וְלָקַח הַכֹּהֵן מִדַּם הָאָשָׁם וְנָתַן עַל־ תְּנוּךְ אֹזֶן־הַמִּטַּהֵר	
ויקרא —מצורע רביעי, חמישי, ששי	130	וְלָקַח לְחַטֵּא אֶת־ הַבַּיִת שְׁתֵּי צִפֳּרִים וְעֵץ אֶרֶז	
שמות —יתרו ששי, שביעי, מפטיר —משפטים כהן	84	וּלְשֹׁמְרֵי מִצְוֹתָי: לֹא תִשָּׂא אֶת־	ולש
במדבר —נשא ששי, שביעי	161	וּמֵאָה מִשְׁקָלָהּ מִזְרָק אֶחָד כֶּסֶף שִׁבְעִים שֶׁקֶל	ומ

Column Contents	Column Number	Line 1: Column Text	Quick Glance
שמות —תצוה חמישי, ששי, שביעי	**96**	וּמֵאֲשֶׁר לְבָנָיו: וְהָיָה לְאַהֲרֹן וּלְבָנָיו לְחָק־ עוֹלָם מֵאֵת	
במדבר —פינחס שני	**186**	וּמָאתָיִם: בְּנֵי גָד לְמִשְׁפְּחֹתָם	
דברים —עקב מפטיר —ראה כהן, שני	**217**	וּמוֹרַאֲכֶם יִתֵּן יְהוָה אֱלֹהֵיכֶם עַל־פְּנֵי כָל־הָאָרֶץ אֲשֶׁר	**ומו**
שמות —וארא שני, שלישי, רביעי	**67**	וּמוּשִׁי אֵלֶּה מִשְׁפְּחֹת הַלֵּוִי לְתֹלְדֹתָם: וַיִּקַּח עַמְרָם אֶת־	
שמות —ויקהל ששי, שביעי, מפטיר	**107**	וּמַחְתֹּתֶיהָ זָהָב טָהוֹר: כִּכָּר זָהָב טָהוֹר עָשָׂה אֹתָהּ	
במדבר —מטות רביעי, חמישי, ששי	**194**	וּמִכְסָם לַיהוָה אֶחָד וְשִׁשִּׁים: וְנֶפֶשׁ אָדָם שִׁשָּׁה	

Column Contents	Column Number	Line 1: Column Text	Quick Glance
ויקרא ויקרא— כהן, שני, שלישי	112	וּמִן־הַצֹּאן תַּקְרִיבוּ אֶת־קָרְבַּנְכֶם: אִם־ עֹלָה קָרְבָּנוֹ	ומנ
במדבר פינחס— שביעי, מפטיר מטות— כהן	191	וּמִנְחָתָהּ וְנִסְכֵּיהֶם: וּבַיּוֹם	
במדבר נשא— שני, שלישי, רביעי	156	וָמַעְלָה וְעַד בֶּן־חֲמִשִּׁים שָׁנָה כָּל־הַבָּא לַעֲבֹד	
דברים ואתחנן— חמישי, ששי, שביעי	210	וּמִצְוֹתָיו אֲשֶׁר אָנֹכִי מְצַוֶּךָ אַתָּה וּבִנְךָ וּבֶן־בִּנְךָ כֹּל	
בראשית בראשית— חמישי, ששי	5	וּמְתוּשָׁאֵל יָלַד אֶת־ לָמֶךְ: וַיִּקַּח־לוֹ לֶמֶךְ שְׁתֵּי נָשִׁים	
בראשית תולדות— רביעי, חמישי	29	וַנֹּאמֶר תְּהִי נָא אָלָה בֵּינוֹתֵינוּ בֵּינֵינוּ וּבֵינֶךָ וְנִכְרְתָה	ונ

Column Contents	Column Number	Line 1: Column Text	Quick Glance
דברים —כי תצא שביעי, מפטיר —כי תבא כהן	232	וְנִגְּשׁוּ אֶל־הַמִּשְׁפָּט וּשְׁפָטוּם וְהִצְדִּיקוּ אֶת־הַצַּדִּיק	
במדבר —חקת שני, שלישי, רביעי	178	וְנִכְרְתָה הַנֶּפֶשׁ הַהִוא מִתּוֹךְ הַקָּהָל כִּי אֶת־מִקְדַּשׁ	
שמות —כי תשא כהן, שני	98	וְנִכְרַת מֵעַמָּיו׃ וַיֹּאמֶר יְהוָה אֶל־	
במדבר —שלח ששי, שביעי, מפטיר —קרח כהן	172	וְנִסְלַח לְכָל־עֲדַת בְּנֵי יִשְׂרָאֵל וְלַגֵּר הַגָּר בְּתוֹכָם	**ונס**
שמות —שמות שני, שלישי, רביעי	62	וְנַעֲרֹתֶיהָ הֹלְכֹת עַל־יַד הַיְאֹר וַתֵּרֶא אֶת־הַתֵּבָה בְּתוֹךְ	

Column Contents	Column Number	Line 1: Column Text	Quick Glance
שמות וארא— רביעי, חמישי	68	וְנִצַּבְתָּ לִקְרָאתוֹ עַל־ שְׂפַת הַיְאֹר וְהַמַּטֶּה אֲשֶׁר־נֶהְפַּךְ	
ויקרא תזריע— שלישי, רביעי, חמישי, ששי	126	וְנִרְאָה אֶל־הַכֹּהֵן: וְרָאָה הַכֹּהֵן וְהִנֵּה מַרְאֶהָ שָׁפָל מִן־	
דברים ואתחנן— שביעי, מפטיר עקב— כהן	211	וְנָשַׁל גּוֹיִם־רַבִּים מִפָּנֶיךָ הַחִתִּי וְהַגִּרְגָּשִׁי וְהָאֱמֹרִי	
במדבר מסעי— שלישי, רביעי, חמישי	198	וְעָבַר עַצְמֹנָה: וְנָסַב הַגְּבוּל מֵעַצְמוֹן נַחְלָה מִצְרָיִם	**וע**
במדבר בהעלתך— חמישי, ששי	165	וְעַל־צְבָאוֹ נַחְשׁוֹן בֶּן־עַמִּינָדָב: וְעַל־ צְבָא מַטֵּה בְּנֵי	

Column Contents	Column Number	Line 1: Column Text	Quick Glance
במדבר בהעלתך— שלישי, רביעי, חמישי	164	וְעָשָׂה פֶסַח לַיהוָה כְּחֻקַּת הַפֶּסַח וּכְמִשְׁפָּטוֹ	
במדבר בהעלתך— ששי	166	וְעָשׂוּ אֹתוֹ עֻגוֹת וְהָיָה טַעְמוֹ כְּטַעַם לְשַׁד הַשָּׁמֶן:	
שמות תרומה— שני, שלישי	90	וְעָשִׂיתָ לּוֹ זֵר זָהָב סָבִיב: וְעָשִׂיתָ לּוֹ מִסְגֶּרֶת טֹפַח	
ויקרא קדושים— ששי, שביעי, מפטיר אמור— כהן	137	וַעֲשִׂיתֶם אֹתָם אֲנִי יְהוָה מְקַדִּשְׁכֶם: כִּי־אִישׁ אִישׁ	
בראשית ויחי— מפטיר **שמות** שמות— כהן, שני	61	וְעֶשֶׂר שָׁנִים וַיַּחַנְטוּ אֹתוֹ וַיִּישֶׂם בָּאָרוֹן בְּמִצְרָיִם:	

Column Contents	Column Number	Line 1: Column Text	Quick Glance
במדבר במדבר— שלישי	151	וּפְקֻדָיו שִׁבְעָה וַחֲמִשִּׁים אֶלֶף וְאַרְבַּע מֵאוֹת: כָּל־	**ופ**
ויקרא צו— מפטיר שמיני— כהן, שני	121	וּפֶתַח אֹהֶל מוֹעֵד תֵּשְׁבוּ יוֹמָם וָלַיְלָה שִׁבְעַת יָמִים	
ויקרא מצורע— כהן, שני, שלישי	128	וְצִוָּה הַכֹּהֵן וְשָׁחַט אֶת־הַצִּפּוֹר הָאֶחָת אֶל־כְּלִי־חֶרֶשׂ	**וצ**
בראשית ויצא— ששי, שביעי, מפטיר	36	וְקַח־לָךְ וְלֹא־יָדַע יַעֲקֹב כִּי רָחֵל גְּנָבָתַם: וַיָּבֹא לָבָן	**וק**
דברים נצבים— שלישי, רביעי, חמישי, ששי	239	וְרָאוּ אֶת־מַכּוֹת הָאָרֶץ הַהִוא וְאֶת־ תַּחֲלֻאֶיהָ אֲשֶׁר־	**ור**
דברים ראה— שלישי, רביעי, חמישי	220	וְרִחַמְךָ וְהִרְבֶּךָ כַּאֲשֶׁר נִשְׁבַּע לַאֲבֹתֶיךָ: כִּי תִשְׁמַע	

Column Contents	Column Number	Line 1: Column Text	Quick Glance
שמות כי תשא— שני, שלישי, רביעי, חמישי, ששי	101	וְשָׁב אֶל־הַמַּחֲנֶה וּמְשָׁרְתוֹ יְהוֹשֻׁעַ בִּן־נוּן נַעַר לֹא	**וש**
דברים שופטים— חמישי, ששי, שביעי	226	וְשָׁלְחוּ זִקְנֵי עִירוֹ וְלָקְחוּ אֹתוֹ מִשָּׁם וְנָתְנוּ אֹתוֹ בְּיַד	
בראשית נח— כהן, שני, שלישי	7	וּשְׁלֹשִׁים אַמָּה קוֹמָתָהּ: צֹהַר תַּעֲשֶׂה לַתֵּבָה וְאֶל־	
שמות משפטים— ששי, שביעי	88	וּשְׁמַע בְּקֹלוֹ אַל־ תַּמֵּר בּוֹ כִּי לֹא יִשָּׂא לְפִשְׁעֲכֶם כִּי	
במדבר פינחס— שני, שלישי	187	וְשֵׁשׁ מֵאוֹת: אֵלֶּה	
במדבר במדבר— חמישי, ששי	153	וְשֵׁשׁ מֵאוֹת שֹׁמְרֵי מִשְׁמֶרֶת הַקֹּדֶשׁ: מִשְׁפְּחֹת	

Column Contents	Column Number	Line 1: Column Text	Quick Glance
ויקרא תזריע— כהן, שני, שלישי	125	וְשֵׁשֶׁת יָמִים תֵּשֵׁב עַל־דְּמֵי טָהֳרָה: וּבִמְלֹאת יְמֵי	
בראשית חיי שרה— שלישי, רביעי	25	וַתֹּאמֶר אֵלָיו בַּת־בְּתוּאֵל אָנֹכִי בֶּן־מִלְכָּה אֲשֶׁר יָלְדָה	ות
בראשית תולדות— ששי, שביעי, מפטיר ויצא— כהן, שני	31	וַתֹּאמֶר רִבְקָה אֶל־ יִצְחָק קַצְתִּי בְחַיַּי מִפְּנֵי בְּנוֹת חֵת	
בראשית מקץ— שני, שלישי	48	וַתָּבֹאנָה אֶל־קִרְבֶּנָה וְלֹא נוֹדַע כִּי־בָאוּ אֶל־קִרְבֶּנָה	
שמות וארא— שביעי, מפטיר בא— כהן	71	וַתִּהֲלַךְ־אֵשׁ אָרְצָה וַיַּמְטֵר יְהוָה בָּרָד עַל־אֶרֶץ	ותה

Column Contents	Column Number	Line 1: Column Text	Quick Glance
שמות ויקהל— חמישי, ששי	**106**	וְתוֹלַעַת שָׁנִי וְשֵׁשׁ מָשְׁזָר מַעֲשֵׂה רֹקֵם: וְאֶת־עַמּוּדָיו	
ויקרא בהר— שלישי, רביעי, חמישי, ששי, שביעי	**144**	וְתוֹשָׁבִים אַתֶּם עִמָּדִי: וּבְכֹל אֶרֶץ אֲחֻזַּתְכֶם גְּאֻלָּה	
ויקרא בהר— שביעי, מפטיר בחקתי— כהן, שני, שלישי	**145**	וְתוֹשָׁב עִמָּךְ וּמָךְ אָחִיךָ עִמּוֹ וְנִמְכַּר לְגֵר תּוֹשָׁב	
שמות בא— ששי, שביעי	**75**	וַתֶּחֱזַק מִצְרַיִם עַל־ הָעָם לְמַהֵר לְשַׁלְּחָם מִן־הָאָרֶץ כִּי	
דברים האזינו— רביעי, חמישי, ששי, שביעי	**243**	וַתִּיקַד עַד־שְׁאוֹל תַּחְתִּית וַתֹּאכַל אֶרֶץ וִיבֻלָהּ	**ותי**

Column Contents	Column Number	Line 1: Column Text	Quick Glance
בראשית וישב— שביעי, מפטיר מקץ— כהן, שני	47	וְתָלָה אוֹתְךָ עַל־עֵץ וְאָכַל הָעוֹף אֶת־בְּשָׂרְךָ	
בראשית נח— שלישי, רביעי	8	וַתֵּלֶךְ הַתֵּבָה עַל־פְּנֵי הַמָּיִם: וְהַמַּיִם גָּבְרוּ מְאֹד מְאֹד	
ויקרא שמיני— שלישי, רביעי, חמישי	122	וַתֵּצֵא אֵשׁ מִלִּפְנֵי יְהוָה וַתֹּאכַל עַל־הַמִּזְבֵּחַ אֶת־	
בראשית ויצא— רביעי, חמישי	34	וַתִּקְרָא אֶת־שְׁמוֹ יוֹסֵף לֵאמֹר יֹסֵף יְהוָה לִי בֵּן אַחֵר:	
בראשית וירא— רביעי	20	וַתִּשְׁכַּב עִמּוֹ וְלֹא־יָדַע בְּשִׁכְבָהּ וּבְקֻמָהּ: וַתַּהֲרֶיןָ שְׁתֵּי	
בראשית ויחי— רביעי, חמישי, ששי	59	יְהוּדָה אַתָּה יוֹדוּךָ אַחֶיךָ יָדְךָ בְּעֹרֶף אֹיְבֶיךָ יִשְׁתַּחֲווּ	י

Column Contents	Column Number	Line 1: Column Text	Quick Glance
במדבר בלק— ששי, שביעי, מפטיר	184	מַה טֹּבוּ אֹהָלֶיךָ יַעֲקֹב מִשְׁכְּנֹתֶיךָ יִשְׂרָאֵל: כִּנְחָלִים	מ
שמות כי תשא— ששי, שביעי, מפטיר	102	שְׁמָר־לְךָ אֵת אֲשֶׁר אָנֹכִי מְצַוְּךָ הַיּוֹם הִנְנִי גֹרֵשׁ	ש
ויקרא אחרי מות— כהן, שני, שלישי	132	שְׁנֵי הַשְּׂעִירִם גֹּרָלוֹת גּוֹרָל אֶחָד לַיהוָה וְגוֹרָל	

"WHERE IS MY PARASHAH?"

*Torah Portion Column Locations
Sorted by Torah Portion*

Torah Portion Column Locations

Torah Portion	Begins in Column/Ends in Column	Aliyah (Begins within Column, near/within Line Number)
Genesis/בראשית		
בראשית Bereishit (Bereishit/Genesis)	1-6	1st: Column 1, Line 1 2nd: Column 2, Line 21 3rd: Column 3, Line 5 4th: Column 4, Line 10 5th: Column 5, Line 1 6th: Column 5, Line 6 7th: Column 6, Line 5 Maftir: Column 6, Line 26

57

Torah Portion	Begins in Column/Ends in Column	Aliyah (Begins within Column, near/within Line Number)
נח **No'ach** (Bereishit/ Genesis)	**6–12**	**1st:** Column 6, Line 32 **2nd:** Column 7, Line 13 **3rd:** Column 7, Line 40 **4th:** Column 8, Line 34 **5th:** Column 9, Line 16 **6th:** Column 9, Line 34 **7th:** Column 11, Line 1 **Maftir:** Column 12, Line 2
לך לך **Lech Lecha** (Bereishit/ Genesis)	**12–17**	**1st:** Column 12, Line 10 **2nd:** Column 12, Line 32 **3rd:** Column 13, Line 6 **4th:** Column 13, Line 30 **5th:** Column 14, Line 23 **6th:** Column 14, Line 40 **7th:** Column 16, Line 12 **Maftir:** Column 17, Line 2
וירא **Vayeira** (Bereishit/ Genesis)	**17–23**	**1st:** Column 17, Line 8 **2nd:** Column 17, Line 30 **3rd:** Column 18, Line 21 **4th:** Column 19, Line 18 **5th:** Column 21, Line 2 **6th:** Column 21, Line 30 **7th:** Column 22, Line 8 **Maftir:** Column 23, Line 3

Torah Portion	Begins in Column/Ends in Column	Aliyah (Begins within Column, near/within Line Number)
חיי שרה **Chayei Sarah** (Bereishit/ Genesis)	**23–27**	**1st:** Column 23, Line 11 **2nd:** Column 23, Line 36 **3rd:** Column 24, Line 19 **4th:** Column 25, Line 3 **5th:** Column 26, Line 6 **6th:** Column 26, Line 29 **7th:** Column 27, Line 3 **Maftir:** Column 27, Line 8
תולדות **Toldot** (Bereishit/ Genesis)	**27–31**	**1st:** Column 27, Line 14 **2nd:** Column 28, Line 6 **3rd:** Column 28, Line 18 **4th:** Column 28, Line 34 **5th:** Column 29, Line 4 **6th:** Column 30, Line 9 **7th:** Column 31, Line 9 **Maftir:** Column 31, Line 14
ויצא **Vayeitzei** (Bereishit/ Genesis)	**31–37**	**1st:** Column 31, Line 18 **2nd:** Column 31, Line 42 **3rd:** Column 32, Line 26 **4th:** Column 33, Line 26 **5th:** Column 34, Line 7 **6th:** Column 35, Line 19 **7th:** Column 36, Line 21 **Maftir:** Column 36, Line 39

Torah Portion	Begins in Column/Ends in Column	Aliyah (Begins within Column, near/within Line Number)
Vayishlach וישלח (Bereishit/ Genesis)	37–42	**1st:** Column 37, Line 2 **2nd:** Column 37, Line 20 **3rd:** Column 38, Line 4 **4th:** Column 38, Line 18 **5th:** Column 38, Line 41 **6th:** Column 40, Line 28 **7th:** Column 41, Line 41 **Maftir:** Column 42, Line 23
Vayeishev וישב (Bereishit/ Genesis)	42–47	**1st:** Column 42, Line 29 **2nd:** Column 43, Line 7 **3rd:** Column 43, Line 24 **4th:** Column 44, Line 6 **5th:** Column 45, Line 11 **6th:** Column 45, Line 23 **7th:** Column 46, Line 11 **Maftir:** Column 47, Line 2
Mikeitz מקץ (Bereishit/ Genesis)	47–53	**1st:** Column 47, Line 9 **2nd:** Column 47, Line 32 **3rd:** Column 48, Line 30 **4th:** Column 49, Line 13 **5th:** Column 50, Line 8 **6th:** Column 51, Line 31 **7th:** Column 52, Line 14 **Maftir:** Column 53, Line 2

Torah Portion	Begins in Column/Ends in Column	Aliyah (Begins within Column, near/within Line Number)
ויגש **Vayigash** (Bereishit/ Genesis)	**53–57**	**1st:** Column 53, Line 11 **2nd:** Column 53, Line 30 **3rd:** Column 54, Line 7 **4th:** Column 54, Line 26 **5th:** Column 54, Line 41 **6th:** Column 55, Line 39 **7th:** Column 56, Line 27 **Maftir:** Column 57, Line 16
ויחי **Vayechi** (Bereishit/ Genesis)	**57–61**	**1st:** Column 57, Line 21 **2nd:** Column 58, Line 4 **3rd:** Column 58, Line 18 **4th:** Column 58, Line 32 **5th:** Column 59, Line 15 **6th:** Column 59, Line 27 **7th:** Column 60, Line 33 **Maftir:** Column 60, Line 36

Torah Portion	Begins in Column/Ends in Column	Aliyah (Begins within Column, near/within Line Number)
Exodus/שמות		
שמות **Shemot** (Shemot/Exodus)	61–66	1st: Column 61, Line 6 2nd: Column 61, Line 28 3rd: Column 62, Line 11 4th: Column 62, Line 36 5th: Column 63, Line 26 6th: Column 64, Line 30 7th: Column 65, Line 12 **Maftir:** Column 66, Line 6
וארא **Va'eira** (Shemot/Exodus)	66–71	1st: Column 66, Line 11 2nd: Column 66, Line 34 3rd: Column 67, Line 15 4th: Column 67, Line 31 5th: Column 68, Line 41 6th: Column 69, Line 23 7th: Column 70, Line 29 **Maftir:** Column 71, Line 17
בא **Bo** (Shemot/Exodus)	71–76	1st: Column 71, Line 23 2nd: Column 72, Line 5 3rd: Column 72, Line 30 4th: Column 73, Line 4 5th: Column 74, Line 18 6th: Column 74, Line 34 7th: Column 75, Line 32 **Maftir:** Column 76, Line 11

Torah Portion	Begins in Column/Ends in Column	Aliyah (Begins within Column, near/within Line Number)
Beshalach בשלח (Shemot/ Exodus)	76–81	**1st:** Column 76, Line 18 **2nd:** Column 77, Line 2 **3rd:** Column 77, Line 16 **4th:** Column 77, Line 37 **5th:** Column 79, Line 7 **6th:** Column 79, Line 32 **7th:** Column 80, Line 35 **Maftir:** Column 81, Line 19
Yitro יתרו (Shemot/ Exodus)	81–84	**1st:** Column 81, Line 24 **2nd:** Column 82, Line 3 **3rd:** Column 82, Line 25 **4th:** Column 82, Line 32 **5th:** Column 82, Line 42 **6th:** Column 83, Line 24 **7th:** Column 84, Line 19 **Maftir:** Column 84, Line 26
Mishpatim משפטים (Shemot/ Exodus)	84–89	**1st:** Column 84, Line 36 **2nd:** Column 85, Line 19 **3rd:** Column 86, Line 12 **4th:** Column 87, Line 7 **5th:** Column 87, Line 19 **6th:** Column 87, Line 41 **7th:** Column 88, Line 9 **Maftir:** Column 89, Line 5

Torah Portion	Begins in Column/Ends in Column	Aliyah (Begins within Column, near/within Line Number)
תרומה **Terumah** (Shemot/ Exodus)	89–92	**1st:** Column 89, Line 11 **2nd:** Column 89, Line 29 **3rd:** Column 90, Line 10 **4th:** Column 91, Line 12 **5th:** Column 91, Line 37 **6th:** Column 92, Line 8 **7th:** Column 92, Line 21 **Maftir:** Column 92, Line 34
תצוה **Tetzaveh** (Shemot/ Exodus)	92–97	**1st:** Column 92, Line 39 **2nd:** Column 93, Line 25 **3rd:** Column 94, Line 14 **4th:** Column 94, Line 37 **5th:** Column 95, Line 23 **6th:** Column 96, Line 18 **7th:** Column 96, Line 33 **Maftir:** Column 97, Line 2
כי תשא **Ki Tisa** (Shemot/ Exodus)	97–102	**1st:** Column 97, Line 9 **2nd:** Column 98, Line 37 **3rd:** Column 101, Line 3 **4th:** Column 101, Line 13 **5th:** Column 101, Line 23 **6th:** Column 101, Line 39 **7th:** Column 102, Line 27 **Maftir:** Column 102, Line 38

Torah Portion	Begins in Column/Ends in Column	Aliyah (Begins within Column, near/within Line Number)
ויקהל **Vayakhel** (Shemot/ Exodus)	**103–108**	**1st:** Column 103, Line 2 **2nd:** Column 103, Line 29 **3rd:** Column 104, Line 7 **4th:** Column 104, Line 33 **5th:** Column 105, Line 14 **6th:** Column 106, Line 30 **7th:** Column 107, Line 11 **Maftir:** Column 107, Line 39
פקודי **Pekudei** (Shemot/ Exodus)	**108–111**	**1st:** Column 108, Line 3 **2nd:** Column 108, Line 31 **3rd:** Column 109, Line 24 **4th:** Column 110, Line 1 **5th:** Column 110, Line 19 **6th:** Column 110, Line 40 **7th:** Column 111, Line 18 **Maftir:** Column 111, Line 29

Torah Portion	Begins in Column/Ends in Column	Aliyah (Begins within Column, near/within Line Number)
Leviticus/ויקרא		
ויקרא **Vayikra** (Vayikra/Leviticus)	111–117	1st: Column 111, Line 40 2nd: Column 112, Line 22 3rd: Column 112, Line 41 4th: Column 113, Line 17 5th: Column 114, Line 7 6th: Column 115, Line 14 7th: Column 116, Line 11 **Maftir:** Column 116, Line 39
צו **Tzav** (Vayikra/Leviticus)	117–121	1st: Column 117, Line 3 2nd: Column 117, Line 24 3rd: Column 118, Line 16 4th: Column 119, Line 22 5th: Column 119, Line 42 6th: Column 120, Line 15 7th: Column 120, Line 32 **Maftir:** Column 120, Line 39
שמיני **Shemini** (Vayikra/Leviticus)	121–124	1st: Column 121, Line 4 2nd: Column 121, Line 31 3rd: Column 122, Line 1 4th: Column 122, Line 25 5th: Column 122, Line 35 6th: Column 123, Line 4 7th: Column 124, Line 9 **Maftir:** Column 124, Line 30

Torah Portion	Begins in Column/Ends in Column	Aliyah (Begins within Column, near/within Line Number)
תזריע **Tazria** (Vayikra/ Leviticus)	124–127	1st: Column 124, Line 36 2nd: Column 125, Line 20 3rd: Column 125, Line 41 4th: Column 126, Line 8 5th: Column 126, Line 20 6th: Column 126, Line 40 7th: Column 127, Line 25 **Maftir:** Column 127, Line 30
מצורע **Metzora** (Vayikra/ Leviticus)	127–131	1st: Column 127, Line 38 2nd: Column 128, Line 18 3rd: Column 128, Line 34 4th: Column 129, Line 16 5th: Column 130, Line 10 6th: Column 130, Line 37 7th: Column 131, Line 19 **Maftir:** Column 131, Line 23
אחרי מות **Acharei Mot** (Vayikra/ Leviticus)	131–135	1st: Column 131, Line 29 2nd: Column 132, Line 22 3rd: Column 132, Line 37 4th: Column 133, Line 16 5th: Column 133, Line 30 6th: Column 134, Line 15 7th: Column 134, Line 41 **Maftir:** Column 135, Line 8

Torah Portion	Begins in Column/Ends in Column	Aliyah (Begins within Column, near/within Line Number)
קדושים **Kedoshim** (Vayikra/ Leviticus)	**135–137**	**1st:** Column 135, Line 15 **2nd:** Column 135, Line 34 **3rd:** Column 136, Line 7 **4th:** Column 136, Line 20 **5th:** Column 136, Line 29 **6th:** Column 136, Line 42 **7th:** Column 137, Line 28 **Maftir:** Column 137, Line 33
אמור **Emor** (Vayikra/ Leviticus)	**137–143**	**1st:** Column 137, Line 40 **2nd:** Column 138, Line 21 **3rd:** Column 139, Line 22 **4th:** Column 140, Line 7 **5th:** Column 141, Line 9 **6th:** Column 141, Line 26 **7th:** Column 142, Line 8 **Maftir:** Column 142, Line 39
בהר **Behar** (Vayikra/ Leviticus)	**143–145**	**1st:** Column 143, Line 3 **2nd:** Column 143, Line 26 **3rd:** Column 143, Line 35 **4th:** Column 144, Line 2 **5th:** Column 144, Line 9 **6th:** Column 144, Line 28 **7th:** Column 144, Line 42 **Maftir:** Column 145, Line 12

Torah Portion	Begins in Column/Ends in Column	Aliyah (Begins within Column, near/within Line Number)
בחקתי Bechukotai (Vayikra/ Leviticus)	145–148	1st: Column 145, Line 18 2nd: Column 145, Line 22 3rd: Column 145, Line 28 4th: Column 147, Line 9 5th: Column 147, Line 34 6th: Column 148, Line 2 7th: Column 148, Line 14 Maftir: Column 148, Line 18

Torah Portion	Begins in Column/Ends in Column	Aliyah (Begins within Column, near/within Line Number)
Numbers/**במדבר**		
במדבר **Bamidbar** (Bamidbar/ Numbers)	**148–154**	**1st:** Column 148, Line 27 **2nd:** Column 149, Line 6 **3rd:** Column 150, Line 34 **4th:** Column 152, Line 1 **5th:** Column 152, Line 23 **6th:** Column 153, Line 20 **7th:** Column 154, Line 1 **Maftir:** Column 154, Line 32
נשא **Naso** (Bamidbar/ Numbers)	**154–162**	**1st:** Column 154, Line 38 **2nd:** Column 155, Line 28 **3rd:** Column 156, Line 7 **4th:** Column 156, Line 24 **5th:** Column 158, Line 27 **6th:** Column 160, Line 13 **7th:** Column 161, Line 18 **Maftir:** Column 162, Line 3
בהעלתך **Behaalotecha** (Bamidbar/ Numbers)	**162–167**	**1st:** Column 162, Line 13 **2nd:** Column 162, Line 35 **3rd:** Column 163, Line 18 **4th:** Column 164, Line 3 **5th:** Column 164, Line 38 **6th:** Column 165, Line 27 **7th:** Column 167, Line 5 **Maftir:** Column 167, Line 37

Torah Portion	Begins in Column/Ends in Column	Aliyah (Begins within Column, near/within Line Number)
שלך **Shelach** (Bamidbar/ Numbers)	**168–172**	**1st:** Column 168, Line 1 **2nd:** Column 168, Line 24 **3rd:** Column 169, Line 19 **4th:** Column 170, Line 11 **5th:** Column 171, Line 13 **6th:** Column 171, Line 27 **7th:** Column 172, Line 2 **Maftir:** Column 172, Line 21
קרח **Korach** (Bamidbar/ Numbers)	**172–177**	**1st:** Column 172, Line 31 **2nd:** Column 173, Line 12 **3rd:** Column 173, Line 24 **4th:** Column 174, Line 26 **5th:** Column 174, Line 38 **6th:** Column 175, Line 13 **7th:** Column 176, Line 21 **Maftir:** Column 176, Line 40
חקת **Chukat** (Bamidbar/ Numbers)	**177–180**	**1st:** Column 177, Line 5 **2nd:** Column 177, Line 37 **3rd:** Column 178, Line 18 **4th:** Column 178, Line 32 **5th:** Column 179, Line 6 **6th:** Column 179, Line 38 **7th:** Column 180, Line 11 **Maftir:** Column 180, Line 32

Torah Portion	Begins in Column/Ends in Column	Aliyah (Begins within Column, near/within Line Number)
בלק Balak (Bamidbar/ Numbers)	180-185	**1st:** Column 180, Line 38 **2nd:** Column 181, Line 18 **3rd:** Column 181, Line 33 **4th:** Column 182, Line 27 **5th:** Column 183, Line 9 **6th:** Column 183, Line 30 **7th:** Column 184, Line 15 **Maftir:** Column 184, Line 42
פינחס Pinchas (Bamidbar/ Numbers)	185-191	**1st:** Column 185, Line 6 **2nd:** Column 185, Line 27 **3rd:** Column 187, Line 18 **4th:** Column 188, Line 12 **5th:** Column 189, Line 1 **6th:** Column 189, Line 26 **7th:** Column 190, Line 27 **Maftir:** Column 191, Line 24
מטות Matot (Bamidbar/ Numbers)	191-196	**1st:** Column 191, Line 34 **2nd:** Column 192, Line 23 **3rd:** Column 192, Line 42 **4th:** Column 193, Line 20 **5th:** Column 194, Line 4 **6th:** Column 194, Line 26 **7th:** Column 195, Line 19 **Maftir:** Column 196, Line 9

Torah Portion	Begins in Column/Ends in Column	Aliyah (Begins within Column, near/within Line Number)
מסעי **Mas'ei** (Bamidbar/ Numbers)	**196–200**	**1st:** Column 196, Line 14 **2nd:** Column 196, Line 30 **3rd:** Column 197, Line 21 **4th:** Column 198, Line 19 **5th:** Column 198, Line 33 **6th:** Column 199, Line 8 **7th:** Column 200, Line 8 **Maftir:** Column 200, Line 29

Torah Portion	Begins in Column/Ends in Column	Aliyah (Begins within Column, near/within Line Number)
	Deuteronomy/**דברים**	
דברים **Devarim** (Devarim/ Deuteronomy)	**200–205**	**1st:** Column 200, Line 39 **2nd:** Column 201, Line 16 **3rd:** Column 201, Line 37 **4th:** Column 202, Line 25 **5th:** Column 202, Line 41 **6th:** Column 204, Line10 **7th:** Column 205, Line 8 **Maftir:** Column 205, Line 17
ואתחנן **Va'etchanan** (Devarim/ Deuteronomy)	**205–211**	**1st:** Column 205, Line 25 **2nd:** Column 206, Line 6 **3rd:** Column 208, Line 3 **4th:** Column 208, Line 19 **5th:** Column 209, Line 13 **6th:** Column 210, Line 6 **7th:** Column 210, Line 41 **Maftir:** Column 211, Line 17
עקב **Eikev** (Devarim/ Deuteronomy)	**211–217**	**1st:** Column 211, Line 23 **2nd:** Column 212, Line 32 **3rd:** Column 213, Line 17 **4th:** Column 214, Line 33 **5th:** Column 215, Line 14 **6th:** Column 216, Line 10 **7th:** Column 216, Line 34 **Maftir:** Column 216, Line 34

Torah Portion	Begins in Column/Ends in Column	Aliyah (Begins within Column, near/within Line Number)
רְאֵה Re'eh (Devarim/ Deuteronomy)	217–223	**1st:** Column 217, Line 2 **2nd:** Column 217, Line 38 **3rd:** Column 218, Line 35 **4th:** Column 220, Line 4 **5th:** Column 220, Line 33 **6th:** Column 221, Line 9 **7th:** Column 222, Line 5 **Maftir:** Column 222, Line 40
שׁוֹפְטִים Shoftim (Devarim/ Deuteronomy)	223–227	**1st:** Column 223, Line 8 **2nd:** Column 224, Line 4 **3rd:** Column 224, Line 21 **4th:** Column 224, Line 30 **5th:** Column 224, Line 42 **6th:** Column 226, Line 3 **7th:** Column 226, Line 36 **Maftir:** Column 227, Line 27
כִּי תֵצֵא Ki Tetzei (Devarim/ Deuteronomy)	227–232	**1st:** Column 227, Line 32 **2nd:** Column 228, Line 13 **3rd:** Column 228, Line 33 **4th:** Column 230, Line 5 **5th:** Column 230, Line 34 **6th:** Column 231, Line 6 **7th:** Column 231, Line 24 **Maftir:** Column 232, Line 29

Torah Portion	Begins in Column/Ends in Column	Aliyah (Begins within Column, near/within Line Number)
כי תבא **Ki Tavo** (Devarim/ Deuteronomy)	**232–238**	**1st:** Column 232, Line 35 **2nd:** Column 233, Line 14 **3rd:** Column 233, Line 26 **4th:** Column 233, Line 36 **5th:** Column 234, Line 13 **6th:** Column 235, Line 4 **7th:** Column 238, Line 1 **Maftir:** Column 238, Line 10
נצבים **Nitzavim** (Devarim/ Deuteronomy)	**238–240**	**1st:** Column 238, Line 16 **2nd:** Column 238, Line 21 **3rd:** Column 238, Line 27 **4th:** Column 239, Line 16 **5th:** Column 239, Line 29 **6th:** Column 239, Line 38 **7th:** Column 240, Line 2 **Maftir:** Column 240, Line 2
וילך **Vayeilech** (Devarim/ Deuteronomy)	**240–242**	**1st:** Column 240, Line 19 **2nd:** Column 240, Line 25 **3rd:** Column 240, Line 30 **4th:** Column 240, Line 38 **5th:** Column 241, Line 8 **6th:** Column 241, Line 23 **7th:** Column 241, Line 35 **Maftir:** Column 241, Line 41

Torah Portion	Begins in Column/Ends in Column	Aliyah (Begins within Column, near/within Line Number)
האזינו **Haazinu** (Devarim/ Deuteronomy)	**242-244**	1st: Column 242, Line 8 2nd: Column 242, Line 17 3rd: Column 242, Line 27 4th: Column 242, Line 37 5th: Column 243, Line 11 6th: Column 243, Line 29 7th: Column 243, Line 37 **Maftir: Column 244, Line 3**
וזאת הברכה **V'zot** **Haberachah** (Devarim/ Deuteronomy)	**244-245**	1st: Column 244, Line 15 2nd: Column 244, Line 26 3rd: Column 244, Line 35 4th: Column 245, Line 1 5th: Column 245, Line 8 6th: Column 245, Line 14 7th: Column 245, Line 20

TORAH SCROLL COLUMN LOCATIONS FOR SELECTED YOM TOV READINGS

Pesach—Column Locations for Torah Readings

For Pesach	Aliyah (Begins within the Following Column)							
	1st	2nd	3rd	4th	5th	6th	7th	Maftir
First Day—Weekday	74	74	74	75	75	N/A	N/A	189
First Day—Shabbat	74	74	74	75	75	75	75	189
Second Day—Weekday/Diaspora	139	140	140	141	141	N/A	N/A	189
Chol Hamoed—First Day—Weekday	75	75	76	189	N/A	N/A	N/A	N/A

For Pesach	Aliyah (Begins within the Following Column)							
	1st	2nd	3rd	4th	5th	6th	7th	Maftir
Chol Hamoed—Second Day—Weekday not Sunday	87	87	87	189	N/A	N/A	N/A	N/A
Chol Hamoed—Second Day—Weekday—Sunday	75	75	76	189	N/A	N/A	N/A	N/A
Chol Hamoed—Third Day—Weekday not Monday	101	101	102	189	N/A	N/A	N/A	N/A
Chol Hamoed—Third Day—Weekday—Monday	87	87	87	189	N/A	N/A	N/A	N/A

For Pesach	Aliyah (Begins within the Following Column)							
	1st	2nd	3rd	4th	5th	6th	7th	Maftir
Chol Hamoed—Fourth—Day—Weekday	163	163	163	189	N/A	N/A	N/A	N/A
Chol Hamoed—Shabbat	101	101	101	101	101	102	102	189
Seventh Day—Weekday	76	76	77	77	77	N/A	N/A	189
Seventh Day—Shabbat	76	76	76	76	77	77	77	189
Eighth Day—Weekday/Diaspora	222	222	222	222	222	N/A	N/A	189
Eighth Day—Shabbat/Diaspora	220	221	222	222	222	222	222	189

Shavuot—Column Locations for Torah Readings

For Shavuot	Aliyah (Begins within the Following Column)							
	1st	2nd	3rd	4th	5th	6th	7th	Maftir
First Day—Weekday	82	82	83	83	84	N/A	N/A	189
Second Day—Weekday/Diaspora	222	222	222	222	222	N/A	N/A	189
Second Day—Shabbat/Diaspora	220	221	222	222	222	222	222	189

Rosh Hashanah—Column Locations for Torah Readings

For Rosh Hashanah	Aliyah (Begins within the Following Column)							
	1st	2nd	3rd	4th	5th	6th	7th	Maftir
First Day—Weekday	20	21	21	21	21	N/A	N/A	190
First Day—Shabbat	20	21	21	21	21	21	21	190
Second Day—Weekday	22	22	22	22	23	N/A	N/A	190

Yom Kippur—Column Locations for Torah Readings

For Yom Kippur	Aliyah (Begins within the Following Column)							
	1st	2nd	3rd	4th	5th	6th	7th	Maftir
Weekday	**131**	**131**	**132**	**132**	**132**	**133**	N/A	**190**
Shabbat	**131**	**131**	**131**	**132**	**132**	**132**	**133**	**190**
Weekday + Shabbat—Minchah	**134**	**134**	**134**	N/A	N/A	N/A	N/A	N/A

Sukkot—Column Locations for Torah Readings

For Sukkot	Aliyah (Begins within the Following Column)							
	1st	2nd	3rd	4th	5th	6th	7th	Maftir
First Day—Weekday	**139**	**140**	**140**	**141**	**141**	N/A	N/A	**190**
First Day—Shabbat	**139**	**140**	**140**	**140**	**140**	**141**	**141**	**190**
Second Day—Diaspora	**139**	**140**	**140**	**141**	**141**	N/A	N/A	**190**
Chol Hamoed—First Day—Weekday	**190**	**191**	**191**	**190**	N/A	N/A	N/A	N/A

For Sukkot	Aliyah (Begins within the Following Column)							
	1st	2nd	3rd	4th	5th	6th	7th	Maftir
Chol Hamoed—Second Day—Weekday	191	191	191	191	N/A	N/A	N/A	N/A
Chol Hamoed—Third Day—Weekday	191	191	191	191	N/A	N/A	N/A	N/A
Chol Hamoed—Fourth Day—Weekday	191	191	191	191	N/A	N/A	N/A	N/A
Chol Hamoed—Shabbat	101	101	101	101	101	102	102	190 or 191
Hoshana Rabbah	191	191	191	191	N/A	N/A	N/A	N/A

Shemini Atzeret/Simchat Torah—
Column Locations for Torah Readings

For Shemini Atzeret/ Simchat Torah	Aliyah (Begins within the Following Column)							
	1st	2nd	3rd	4th	5th	6th	7th	Maftir
Shemini Atzeret— Weekday	220	222	222	222	222	N/A	N/A	191
Shemini Atzeret— Shabbat	220	221	222	222	222	222	222	191
Simchat Torah— Weekday	244	244	244	245	245	245	1	191

TORAH SCROLL COLUMNS CONTAINING SELECTED DAILY AND SHABBAT READINGS

Overview

This section can be used in conjunction with a Chumash or siddur and allows you to easily locate text for selected daily and Shabbat readings in a *tikkun kor'im* or directly in the Torah Scroll. The "Where Am I?" section of this reference guide will help you identify the current column the Torah Scroll is rolled to so you can roll to the column containing your text.

Shema Yisrael—"Hear, O' Israel" Found in *Parashat Va'etchanan, Aliyah* ששי—**Deuteronomy 6:4**		
Columns:	Beginning: 210	on Line: 6
	Ending: 210	on Line: 6
Beginning Text: שְׁמַע יִשְׂרָאֵל		

V'Ahavta—"And You Shall Love" Found in *Parashat Va'etchanan, Aliyah* ששי—**Deuteronomy 6:5–9**		
Columns:	Beginning: 210	on Line: 7
	Ending: 210	on Line: 12
Beginning Text: וְאָהַבְתָּ אֵת יְהוָה אֱלֹהֶיךָ בְּכָל־לְבָבְךָ		

Birkat Kohanim—The Priestly Blessing Found in *Parashat Naso, Aliyah* רביעי—**Numbers 6:24–26**		
Columns:	Beginning: 158	on Line: 23
	Ending: 158	on Line: 26
Beginning Text: יְבָרֶכְךָ יְהוָה וְיִשְׁמְרֶךָ		

Tzitzit—"On the Corners of Your Garments throughout Your Generations" Found in *Parashat Shelach, Aliyah* מפטיר—**Numbers 15:37–41**		
Columns:	Beginning: 172	on Line: 21
	Ending: 172	on Line: 30
Beginning Text: וַיֹּאמֶר יְהוָה אֶל־מֹשֶׁה לֵּאמֹר דַּבֵּר אֶל־בְּנֵי יִשְׂרָאֵל וְאָמַרְתָּ אֲלֵהֶם וְעָשׂוּ לָהֶם צִיצִת		

Tefillin Passages—"Placed upon Your Arm and between Your Eyes"		
Kadesh—Found in ***Parashat Bo***, *Aliyah* שביעי—**Exodus 13:1–10**		
Columns:	Beginning: 75	on Line: 32
	Ending: 76	on Line: 5
Beginning Text: וַיְדַבֵּר יְהוָה אֶל־מֹשֶׁה לֵּאמֹר קַדֶּשׁ־לִי		
V'Hayah Ki Yeviacha—Found in ***Parashat Bo***, *Aliyah* שביעי—**Exodus 13:11–16**		
Columns:	Beginning: 76	on Line: 6
	Ending: 76	on Line: 18
Beginning Text: וְהָיָה כִּי־יְבִאֲךָ יְהוָה		
Shema—Found in ***Parashat Va'etchanan***, *Aliyah* ששי—**Deuteronomy 6:4–9**		
Columns:	Beginning: 210	on Line: 6
	Ending: 210	on Line: 12
Beginning Text: שְׁמַע יִשְׂרָאֵל		
V'Hayah—Found in ***Parashat Eikev***, *Aliyah* ששי—**Deuteronomy 11:13–21**		
Columns:	Beginning: 216	on Line: 17
	Ending: 216	on Line: 34
Beginning Text: וְהָיָה אִם־שָׁמֹעַ תִּשְׁמְעוּ אֶל־מִצְוֹתַי		

Mezuzah Passages—"Placed upon Your Doorposts"		
Shema—Found in ***Parashat Va'etchanan***, *Aliyah* שׁשׁי—**Deuteronomy 6:4–9**		
Columns:	Beginning: 210	on Line: 6
	Ending: 210	on Line: 12
Beginning Text: שְׁמַע יִשְׂרָאֵל		
V'Hayah—Found in ***Parashat Eikev***, *Aliyah* שׁשׁי—**Deuteronomy 11:13–21**		
Columns:	Beginning: 216	on Line: 17
	Ending: 216	on Line: 34
Beginning Text: וְהָיָה אִם־שָׁמֹעַ תִּשְׁמְעוּ אֶל־מִצְוֹתַי		

Mah Tovu Ohalecha—"How Goodly Are Your Tents" Found in ***Parashat Balak***, *Aliyah* שׁשׁי—**Numbers 24:5**		
Columns:	Beginning: 184	on Line: 1
	Ending: 184	on Line: 1
Beginning Text: מַה־טֹּבוּ אֹהָלֶיךָ יַעֲקֹב		

Akeidah—The Binding of Isaac Found in ***Parashat Vayeira***, Aliyah שביעי—**Genesis 22:1–19**		
Columns:	Beginning: 22	on Line: 8
	Ending: 23	on Line: 2
Beginning Text: וַיְהִי אַחַר הַדְּבָרִים הָאֵלֶּה וְהָאֱלֹהִים נִסָּה אֶת־אַבְרָהָם		

Tamid Offering—Daily Sacrifices Found in *Parashat Pinchas, Aliyah* חמישי—**Numbers 28:1–8**		
Columns:	Beginning: 189	on Line: 1
	Ending: 189	on Line: 12
Beginning Text: וַיְדַבֵּר יְהוָה אֶל־מֹשֶׁה לֵּאמֹר צַו אֶת־בְּנֵי יִשְׂרָאֵל		

Shirat HaYam—Song of the Sea Found in *Parashat Beshalach,* *Aliyah* רביעי—**Exodus 14:30–15:19**		
Columns:	Beginning: 78	on Line: 2
	Ending: 78	on Line: 36
Beginning Text: וַיּוֹשַׁע יְהוָה בַּיּוֹם הַהוּא		

Mi Chamocha—"Who Is Like You" Found in *Parashat Beshalach, Aliyah* רביעי—**Exodus 15:11**		
Columns:	Beginning: 78	on Line: 22
	Ending: 78	on Line: 24
Beginning Text: מִי־כָמֹכָה בָּאֵלִם יְהוָה		

V'Shamru B'nei Yisrael—"And the Children of Israel Shall Keep the Shabbat" Found in *Parashat Ki Tisa, Aliyah* כהן—**Exodus 31:16–17**		
Columns:	Beginning: 98	on Line: 33
	Ending: 98	on Line: 37
Beginning Text: וְשָׁמְרוּ בְנֵי־יִשְׂרָאֵל אֶת־הַשַּׁבָּת		

Va'Yechulu Hashamayim—"And the Heaven and the Earth Were Finished" Found in ***Parashat Bereishit,*** *Aliyah* כהן—**Genesis 2:1–3**		
Columns:	Beginning: 2	on Line: 16
	Ending: 2	on Line: 20
Beginning Text: וַיְכֻלּוּ הַשָּׁמַיִם וְהָאָרֶץ		

Va'Yehi Bi'nso'a—"When the Ark Would Travel" Found in ***Parashat Behaalotecha,*** *Aliyah* ששי—**Numbers 10:35**		
Columns:	Beginning: 165	on Line: 27
	Ending: 165	on Line: 29
Beginning Text: וַיְהִי בִּנְסֹעַ הָאָרֹן וַיֹּאמֶר מֹשֶׁה		

V'zot HaTorah, B'Yad Moshe—"This Is the Torah, by the Hand of Moses" Found in ***Parashat Va'etchanan,*** *Aliyah* שלישי—**Deuteronomy 4:44**		
Columns:	Beginning: 208	on Line: 8
	Ending: 208	on Line: 9
Beginning Text: וְזֹאת הַתּוֹרָה אֲשֶׁר־שָׂם מֹשֶׁה		
Found in ***Parashat Behaalotecha,*** *Aliyah* רביעי—**Numbers 9:23 (end of verse)**		
Columns:	Beginning: 164	on Line: 20
	Ending: 164	on Line: 21
Beginning Text: עַל־פִּי יְהוָה בְּיַד־מֹשֶׁה		

U'V'Yom HaShabbat—"And on the Shabbat Day," Mussaf Sacrifices Found in ***Parashat Pinchas***, *Aliyah* חמישי—**Numbers 28:9–10**		
Columns:	Beginning: 189	on Line: 13
	Ending: 189	on Line: 15
Beginning Text: וּבְיוֹם הַשַּׁבָּת שְׁנֵי־כְבָשִׂים בְּנֵי־שָׁנָה		

Shabbat Shekalim—Half-Shekel Census Found in ***Parashat Ki Tisa***, *Aliyah* כהן—**Exodus 30:11–16**		
Columns:	Beginning: 97	on Line: 9
	Ending: 97	on Line: 17
Beginning Text: וַיְדַבֵּר יְהוָה אֶל־מֹשֶׁה לֵּאמֹר כִּי תִשָּׂא		

Shabbat Zachor—Remember Amalek Found in ***Parashat Ki Teitzei***, *Aliyah* מפטיר—**Deuteronomy 25:17–19**		
Columns:	Beginning: 232	on Line: 29
	Ending: 232	on Line: 34
Beginning Text: זָכוֹר אֵת אֲשֶׁר־עָשָׂה לְךָ עֲמָלֵק		

Shabbat Parah—Red Heifer Found in ***Parashat Chukat***, *Aliyah* כהן—**Numbers 19:1–22**		
Columns:	Beginning: 177	on Line: 5
	Ending: 178	on Line: 6
Beginning Text: וַיְדַבֵּר יְהוָה אֶל־מֹשֶׁה וְאֶל־אַהֲרֹן לֵאמֹר זֹאת חֻקַּת		

Shabbat HaChodesh—New Month of Nisan Found in ***Parashat Bo***, *Aliyah* רביעי—**Exodus 12:1–20**		
Columns:	Beginning: 73	on Line: 19
	Ending: 74	on Line: 17
Beginning Text: וַיֹּאמֶר יְהוָה אֶל־מֹשֶׁה וְאֶל־אַהֲרֹן בְּאֶרֶץ מִצְרַיִם לֵאמֹר הַחֹדֶשׁ		

Aseret HaDibrot—Ten Commandments Found in ***Parashat Yitro***, *Aliyah* ששי—**Exodus 20:1–14**		
Columns:	Beginning: 83	on Line: 34
	Ending: 84	on Line: 18
Beginning Text: וַיְדַבֵּר אֱלֹהִים אֵת כָּל הַדְּבָרִים הָאֵלֶּה לֵאמֹר אָנֹכִי		

Aseret HaDibrot—Ten Commandments, Retelling Found in ***Parashat Va'etchanan***, *Aliyah* רביעי—**Deuteronomy 5:6–18**		
Columns:	Beginning: 208	on Line: 28
	Ending: 209	on Line: 13
Beginning Text: אָנֹכִי יְהוָה אֱלֹהֶיךָ אֲשֶׁר הוֹצֵאתִיךָ מֵאֶרֶץ מִצְרַיִם		

FAMILY NOTES

Name/Hebrew Name	Aliyah(s)

Name/Hebrew Name	Aliyah(s)

COMMUNITY NOTES

96 *Torah Scroll Column Reference Guide*

97   Community Notes

PRACTICING FOR ENJOYMENT AND FOR PROFICIENCY

Quick Start Guide

Every new skill worth mastering requires practice. When this new skill is for something that we truly value and love, disciplined practice gives us a sense of joy and even fun. This is increased when we work with others who share our passion. The *Torah Scroll Column Reference Guide* is a tool that equips you with two new areas of competency: (1) the ability to identify exactly where the Torah Scroll is currently rolled to, and (2) the expertise to find any *Aliyah*. Below are suggestions for sessions and workshops. Consider setting up a regular recurring day and time to meet, where others can join your core group and participate, so they too can find their place within the Torah Scroll.

Setup Activities:

- Check your Torah Scroll to see if it is in the format of 42 lines per column (for 245 columns).

- Alternatively, you can use a *tikkun* or a training Torah Scroll to practice, if they use the format of 42 lines per column for 245 columns.

- Ensure participants know the *Aleph-Bet* and can look up basic words in a Hebrew dictionary—ex: בַּיִת, דֶּלֶת, סֵפֶר.
- Know the name of the *Parashah* that will be read next Shabbat.

"Where Am I?" Activities:

- Randomly roll to any column in the Torah Scroll (or in the training Torah Scroll).
- Or, randomly open to a column in the *tikkun* (cover the information at the top of the page).
- Look at the first few words on Line 1 (the first line of text for your current column).
    - Use the index at the back of this reference guide to find the page number for the first two letters found on Line 1; go to that page. Ex: וב (*vav-bet*) entries begin on page 18.
    - Begin scanning the **highlighted** words for each entry until you find an exact match with those beginning words on Line 1 of the Torah Scroll (or *tikkun*).
    - Shortcut: You can use the "Quick Glance" column to help skim more quickly.
    - Shortcut: If the first two letters on Line 1 are וי (*vav-yud*)—go directly to page 28 (all entries that begin with *vav-yud* have shading in the "Quick Glance" column).
- Once you find an **exact match**, read the reference guide info for the Column Number and Column Contents; tell the others "Where am I?"—the *Sefer*, *Parashah*, and *Aliyah*(s) for the current column that the Torah Scroll is rolled to (or *tikkun* is opened to).

Torah Scroll Column Reference Guide **100**

"Where Is My Parashah?" Activities:

- Use the index at the back of this reference guide to find the page number for the *Sefer* containing the *Parashah* for the next Shabbat. Ex: If the *Parashah* is in Leviticus, go to page 66.

- Read the list of *Parashah* names. When you find yours, you will have information on the beginning Column Number for each *Aliyah*. You will have information on the beginning Column Number for each *Aliyah*, along with the Line Number where the *Aliyah* begins.

- Tell the others: "Where is my *Parashah*?"
  Practice several times, with different people taking turns.

INDEX

	Entries begin on page number	
Where Am I?		
Columns Beginning with **ב**	11	עמודות המתחילות ב– **ב**
Columns Beginning with **ה**	11	עמודות המתחילות ב– **ה**
Columns Beginning with **וא**	11	עמודות המתחילות ב– **וא**
Columns Beginning with **וב**	18	עמודות המתחילות ב– **וב**
Columns Beginning with **וג**	21	עמודות המתחילות ב– **וג**
Columns Beginning with **וד**	21	עמודות המתחילות ב– **וד**
Columns Beginning with **וה**	21	עמודות המתחילות ב– **וה**
Columns Beginning with **וז**	27	עמודות המתחילות ב– **וז**
Columns Beginning with **וח**	28	עמודות המתחילות ב– **וח**
Columns Beginning with **וי**	28	עמודות המתחילות ב– **וי**
Columns Beginning with **וכ**	41	עמודות המתחילות ב– **וכ**
Columns Beginning with **ול**	42	עמודות המתחילות ב– **ול**
Columns Beginning with **ומ**	45	עמודות המתחילות ב– **ומ**
Columns Beginning with **ונ**	47	עמודות המתחילות ב– **ונ**
Columns Beginning with **וע**	49	עמודות המתחילות ב– **וע**

Columns Beginning with פּ	51	עמודות המתחילים ב– פּ
Columns Beginning with צ	51	עמודות המתחילים ב– צ
Columns Beginning with ק	51	עמודות המתחילים ב– ק
Columns Beginning with רר	51	עמודות המתחילים ב– רר
Columns Beginning with שׂ	52	עמודות המתחילים ב– שׂ
Columns Beginning with תּ	53	עמודות המתחילים ב– תת
Columns Beginning with י	55	עמודות המתחילים ב– י
Columns Beginning with מ	56	עמודות המתחילים ב– מ
Columns Beginning with ש	56	עמודות המתחילים ב– ש
Where Is My Parashah?		
Columns for Genesis	57	עמודות בראשית
Columns for Exodus	62	עמודות שמות
Columns for Leviticus	66	עמודות ויקרא
Columns for Numbers	70	עמודות במדבר
Columns for Deuteronomy	74	עמודות דברים
Selected Yom Tov Readings		
Columns for Pesach	78	עמודות לפסח
Columns for Shavuot	81	עמודות לחג השבועות
Columns for Rosh Hashanah	81	עמודות לראש השנה
Columns for Yom Kippur	82	עמודות ליום כיפור
Columns for Sukkot	82	עמודות לסוכות
Columns for Shemini Atzeret	84	עמודות לשמיני עצרת
Columns for Simchat Torah	84	עמודות לשמחת תורה